KB270832

애플의 법칙

애플의 법칙

하야시 노부유키 지음 | 정지은 옮김

애플의 생태계에는 문화와 경제가 공생한다

살림Biz

차 례

인터넷 시대에 꽃 피운 애플의 성공법칙

근래 들어 컴퓨터 제조보다는 아이팟(iPod)으로 더 큰 유명세를 떨치고 있는 애플. 바로 그 애플(Apple Inc.)을 이끄는 CEO 스티브 잡스(Stieve Jobs)의 연봉에 대해 들어본 적이 있는가?

놀라지 마시라. 그는 겨우 1달러의 연봉을 받는다(물론 플러스 알파의 보너스를 받긴 하지만……).

이러한 실례는 '돈 때문에 일하는 것이 아니다'라는 스티브 잡스의 신념을 여실히 보여준다.

현재 전 세계를 통틀어 연간 2억 7천만 대의 컴퓨터가 출하되고 있다. 거의 모든 사무실과 가정에 1대 이상의 컴퓨터가 설치돼 있는 셈이다. 하지만 우리의 삶을 장악하고 있는 그 컴퓨터의 탄생은 겨우 30년에 불과하다.

1970년대의 컴퓨터는 이해할 수 없는 종이테이프를 토해내는 거대한 기계, 즉 노출된 기판에 숫자를 표시하는 화면을 붙인 마니아용 상품이 주류였다. 당시 IBM은 소형 컴퓨터는 마니아용으

로 부적합한 제품이라고 판단해서 아예 흥미를 보이지 않았다.

이런 분위기 속에서 한 사람당 한 대의 개인용 컴퓨터 보급을 꿈꾸고 이를 실현시킨 사람들이 있다. 아직 20대 초반이었던 스티브 잡스와 빌 게이츠(Bill Gates)가 바로 그들이다.

스티브 잡스는 디자인이 뛰어난 주방가전제품에서 영감을 얻어 '컴퓨터를 플라스틱 케이스 안에 넣으면 어떨까?' 하는 생각으로 애플을 창업했고, 빌 게이츠는 스티브 잡스의 컴퓨터가 보급된 후의 변화를 상상하며 지금까지 마니아들이 무료로 교환하던 소프트웨어를 상품화하는 비즈니스를 고안해 마이크로소프트(Microsoft Corp.)를 창업했다.

얼마 지나지 않아 애플의 개인용 컴퓨터는 큰 히트를 치면서 '컴퓨터'라는 새로운 장르의 상품을 세상에 알린다.

그 후 1980년대에 들어서 애플은 제록스의 연구에 영감을 얻어 마우스를 사용한 신세대 컴퓨터를 고안해 그것을 매킨토시

(Macintosh)라는 제품으로 탄생시킨다. 이윽고 지금과 같은 컴퓨터의 형태를 이루게 된 것이다.

하지만 애플은 리더였던 스티브 잡스를 내쫓은 뒤 곧 사업 실패라는 비극을 맞이한다. 마우스 시대를 맞이해 컴퓨터 시장을 정복한 것은 애플이 아닌 소프트웨어 산업을 만들어낸 마이크로소프트의 '윈도우(Windows)'였던 것이다. 이로써 빌 게이츠는 세계 제일의 부호로 명성을 떨친다.

그 후 경영난으로 매각 직전까지 간 애플은 스티브 잡스를 다시 리더로 고용해 '디지털 라이프스타일'이라는 전혀 새로운 컴퓨터 세상을 선언하며 '아이팟'을 시장에 내놓음으로써 세계를 석권한다. 게다가 2007년에는 신세대 휴대전화인 '아이폰(iPhone)'으로 더욱 큰 주목을 모은다.

아이팟의 성공으로 정체돼 있던 매킨토시의 인기는 점차 회복됐고, 애플은 현재 세계에서 가장 주목받는 기업이 됐다.

2007년, 컴퓨터업계의 주목을 모았던 스티브 잡스와 빌게이츠의 대담이 있었다. 빌 게이츠는 스티브 잡스로부터 가장 감동받은 점에 대해 이렇게 말했다.

"남들이 가지지 못한 그의 뛰어난 센스와 '자신들이 가지고 싶은 것을 만든다'는 마음가짐을 높이 평가합니다."

이 책을 통해 오늘날 큰 성공을 거두고 있는 애플의 성공법칙과 혁신적인 제품을 만드는 그들만의 숨은 비법을 찾아내 낱낱이 공개하도록 하겠다.

하야시 노부유키(林 信行)

제 1 장

애플의 진보적인 생각들

: 라이프스타일을 만드는 브랜드

거리를 활보하는 사람들의 패션을 관찰해 보면, 브랜드뿐만 아니라 해마다 유행하는 컬러도 변한다는 사실을 쉽게 알 수 있다. 하지만 수년 동안 변하지 않고 계속해서 늘어만 가는 게 있다. 그것은 바로 아이팟(iPod) 사용자들의 상징인 '하얀색 이어폰'을 쓴 사람들의 수다.

2002년과 2003년에는 신상품에 관심이 많은 2,30대 남성 사용자가 주요 고객이었다. 그러나 2004년 들어 다채로운 다섯 가지 색상의 아이팟 미니(iPod Mini)가 등장하면서부터 여성 사용자의 폭발적인 급증과 함께 다른 연령층의 사용자도 점차 확대됐다.

이제 아이팟은 음악을 즐기는 사람들의 아이콘으로 분명하게 자리매김했다. 아이팟을 들고 다니는 것만으로도 음악과 함께하는 라이프스타일을 선호하는 사람이라는 자기주장이 가능해졌다는 이야기다.

이러한 현상은 일본만의 트렌드가 아니다. 로스앤젤레스와 밀라노의 번화가에서도, 뉴욕이나 파리, 런던의 지하철에서도 아이팟 사용자는 물론, 화려하게 아이팟을 장식한 사람들을 흔하게 볼 수 있다. 아이팟은 국경과 언어의 장벽을 넘어 시대의 아이콘으로 자리 잡았다.

이 제품을 제조하는 애플은 현 디지털 시대에 무시할 수 없는 브랜드로서, '코카콜라'와 '디즈니', '나이키'에 필적하는 '라이프스타일 브랜드'라고 할 수 있다.

일본에서도 아이팟은 휴대전화에 이어 가장 친숙하고, 가장 가지고 싶은 전자제품으로 꼽힌다. 아이팟의 신모델은 출시와 동시에 다른 회사의 광고 캠페인 경품 목록을 독차지할 정도다. 그만큼 많은 기업이 자사 브랜드 이미지 개선을 위해 아이팟을 선호하고 있다는 뜻이다.

소프트뱅크의 경우 휴대전화 사업에 뛰어든 초기에 '상품 이름이 좋지 않으니 다른 회사의 이미지를 빌려야 한다'는 이야기가 많았다. 구입자 전원에게 아이팟 나노(iPod nano)를 선물하는 캠페인을 시작하자 그러한 불평은 순식간에 사라졌다.

：위대한 아티스트는 모방에 그치지 않고 내 것으로 만든다

아이팟은 라이벌이 많은 제품이다. 일본에서만도 소니(sony), 도시바(Toshiba), 파나소닉(Panasonic), 빅터(Victor) 등의 대기업과 엠피오(mpio)라는 신흥회사가 경쟁제품을 만들고 있다. 세계 시장에서는 아이리버(iriver), 크리에이티브라보, 선디스크(Sun Disk), 마이크로소프트와 같은 경쟁사가 차례차례로 유사제품을 출시하고 있다.

하지만 대다수의 소비자는 아이팟만을 선호하며, 라이벌 회사가 선보이는 제품은 이름조차 기억하지 못한다. 그 결과 "○○회사에서 만든 아이팟"이라고 말할 정도로 아이팟은 이미 대명사처럼 쓰이고 있다. 이러한 결과는 어떻게 생겨난 것일까?

아이팟이 타사 제품보다 먼저 선점한 결과라고 생각할 수도 있겠지만, 그건 말이 되지 않는다. 아이팟의 등장은 2001년 말로서, 소니가 메모리스틱 워크맨을 처음 출시한 1999년보다 2년이나 뒤의 일이기 때문이다. 크리에이티브라보와 아이리버 역시 소니와 비슷한 시기에 제품을 출시했다.

사실 아이팟이 시판되기 이전에도 음악 재생 소프트웨어인 아이튠즈(iTunes)는 소니, 크리에이티브라보, 아이리버의 제품에 사용할 수 있는 기능을 갖추고 있었다. 하지만 아이팟이 등장하자 마치 아이팟 이전에는 음악 재생기가 없었다는 듯이 대히트를 기록한다.

애플의 최고경영책임자인 스티브 잡스가 좋아하는 말 중에는 다음과 같은 피카소의 명언이 있다.

"훌륭한 아티스트는 모방한다. 위대한 아티스트는 내 것으로 만든다."

음악 데이터가 디지털로 변화하는 엄청난 태풍이 불어닥쳤을 때 많은 우수 제조사들이 경쟁을 통해 서로를 모방하며 다수의 제품을 생산했다. 하지만 위대한 아티스트인 아이팟의 등장으로 모든 찬사와 호사는 애플만이 누릴 수 있었다.

： 아이팟이 만들어낸 생태계

그렇다면 왜 아이팟만이 이렇게 큰 인기를 누리는 것일까? 사실 기능과 음질에 있어서 아이팟보다 성능이 뛰어난 제품은 얼마든지 많다. 그럼에도 관심을 끄는 제품은 아이팟뿐이라는 점에 궁금증이 쏠리지 않을 수 없다.

그 첫 번째 비밀은 바로 탁월한 디자인이다. 아이팟의 디자인은 심플하고 깔끔하다.

두 번째 비밀은 사용하기 쉽다는 점이다. 이는 애플의 모든 제품이 가지고 있는 장점으로서, 한 번의 사용만으로도 직감적으로 조작법을 익힐 수 있을 만큼 사용법이 쉽다는 점에 놀라게 된다. 사용설명서를 읽지 않아도 어느 정도 조작이 가능할 정도다.

세 번째 비밀은 가격이다. 멋지고 세련된 디자인에 간편한 조작은 물론, 경쟁제품과 비교해 용량이나 기능까지 뛰어난 제품이 가격은 저렴하다는 놀라운 사실을 알 수 있다.

네 번째 비밀은 브랜드의 힘이다. 쉽게 친숙해질 수 있는 이름과 제품 패키지, 그리고 CF에서 느껴지는 깔끔하고 세련된 이미지가 그것이다.

다섯 번째 비밀은 제품의 생태계에서 찾을 수 있다. 한번 아이팟의 생태계에 들어서면 일부러 음악 CD에서 원하는 곡을 뽑아내지 않아도 아이튠즈 스토어(iTunes Store)에서 직접 디지털 데이터로 변환한 곡을 구입할 수 있고, 같은 곡을 애플 TV(Apple TV) 등, 다른 제품에서도 즐길 수 있다.

최근에는 애플이 시작한 이러한 생태계가 제3의 기업에 의해 더욱 확장되고 있다. 루이비통과 에르메스에서 아이팟의 케이스를 출시한다거나, 미국에서 판매되는 거의 모든 차량에 아이팟(아이팟을 접속해 핸들에서 조작할 수 있게 제작된 모델)을 설치하는 경우가 그 단적인 예라고 할 수 있다.

물론 아이팟 역시 처음부터 모든 조건을 다 갖추었던 것은 아니다. 처음 출시된 아이팟은 사양은 간단하지만 사상만큼은 견실한 제품이었다. 이 참신한 아이디어가 아이팟의 매력을 이루는 또 하나의 비밀이다.

： 아이팟에 담긴 사상

2001년 처음 등장한 아이팟은 매킨토시(Macintosh, 통칭 '맥(Mac)'이라고 함)에서만 호환이 가능했을 뿐, 음악 재생 이외의 기능은 전혀 없었다. 5GB의 용량에 가격은 47,800엔(399달러)이었다. 2인치의 액정은 오늘날의 아이팟 나노(iPod nano)와 비슷했지만 해상도는 4분의 1 정도 수준이었고 게다가 화면 표시도 흑백이었으며 동영상과 사진 또한 볼 수 없는 문자 전용 액정이었다.

단 트럼프 정도 크기의 본체에 모든 음악 라이브러리를 넣고 다닐 수 있다는 이상적인 기능이 담겨 있었는데, 이러한 기능은 다른 음악 재생기에는 없는 참신함 그 자체였다. 이 아이디어는 오늘날 아이팟 클래식(iPod classic) 시리즈로 이어지고 있다.

우리의 감성은 언제, 어디서, 갑자기 어떤 곡이 듣고 싶어질지 종잡을 수 없다. 그렇기 때문에 주머니 속 음악 라이브러리에 자신이 좋아하는 다양한 음악을 가득 넣어 두면 언제라도 원하는 곡을 들을 수 있다. 이것이 처음 탄생한 아이팟에 담긴 사상이다.

음악 애호가라고 자신하는 애플의 직원들이 "이런 제품이면 좋겠다."라는 자신들의 꿈을 실제 모델로 만들어낸 것이다. 아이팟 개발팀의 구성원들은 2001년 1월부터 봄을 보내는 내내 경쟁 제품 분석과 함께 음악 재생기 시장에 파고들 여지가 있는지를 파악했다.

드디어 스티브 잡스로부터 "Go!"라는 사인이 떨어졌다. 그러자 구성원들은 경쟁제품 따위에 대해서는 모두 잊은 채 즉각적으로 어떤 음악 재생기가 가장 이상적일지에 대해 사내 음악 마니아들의 의견을 철저하게 수집했다.

이런 과정을 거쳐 '내가 듣고 싶은 모든 음악을 가지고 다닌다!'는 콘셉트를 정했다. 이어서 이런 이상을 실현시키기 위해 어떤 부품을 사용하고 어떤 사양을 갖춰야 할지를 결정했다.

: 천 번의 'NO'가 만들어낸 혁신

주머니에 쏙 들어갈 만한 크기의 아이팟을 대용량 제품으로 탈바꿈시키기 위해서 애플은 도시바의 1.8형 하드디스크와 장시간 음악 재생이 가능한 소니의 리튬 폴리머 배터리(lithium polymer batteries)를 선택했다.

또 대용량 하드디스크에 빠른 속도로 음악 데이터를 전송하는 수단으로는 파이어와이어(FireWire ^{: 고속 직렬 전송로 규격. 이 명칭은 불에 타서 연기가 올라가는 만큼 빠른 속도라는 의미에서 붙여졌다. 후에 IEEE 1394로 규격화 됨-역주})를 선택했다(후에 USB 2.0으로 대체됐다).

많은 곡을 가지고 다니는 시스템이기 때문에 다른 음악 재생기처럼 전송할 곡을 한 곡씩 선택하는 것이 아니라, 매킨토시용 음악 재생기로 보급한 아이튠즈와 같은 시기에 출시되는 상품 사양을 취하기로 결정했다. 그래서 아이팟의 화면 이미지는 당연히 아이튠즈의 화면과 비슷한 구성이 됐다. 그리고 1,000곡 이상에 이르는 음악 라이브러리에서 듣고 싶은 곡이 떠오르는 순간 바로 곡을 선택할 수 있도록 스크롤 휠(Scroll Wheel)을 발명했다.

이어서 배터리의 소비를 조금이라도 줄일 수 있는 방법과 하드디스크가 충격을 받았을 때 음이 튀는 현상을 어떻게 처리할 것인지에 대한 문제에 봉착했다.

20

하지만 이 또한 곧 획기적인 해결방법을 찾아냈다. 하드디스크에서 직접 곡을 재생하는 게 아니라, 곡을 한 번 플래시 메모리에 저장해 그곳에서 재생하는 방법을 택했다. 미리 20분 정도 곡 데이터를 메모리에 저장해 두면 하드디스크는 동작을 멈추고 곡은 메모리에서 읽혀 재생된다. 이 방식을 택함으로써 충격과 배터리 소비의 문제를 동시에 해결할 수 있었다.

하지만 셔플재생(곡 순서가 랜덤으로 재생됨) 시의 처리문제가 남아 있었다. 한 곡의 재생이 끝난 뒤에 다음 곡을 찾는 것이 아니라, 미리 곡을 뒤섞어 순서를 정한 다음 그것을 메모리에 저장하는 방법을 취하자 이 문제 또한 말끔히 해결됐다.

최종적으로 선택한 아이팟의 모든 제품 사양들은 각각 존재의 이유가 분명하다. 확실치 않은 이유로 삽입된 기능에 대해서는 심판대에 올려놓고 스티브 잡스 스스로 이렇게 묻는다.

"반드시 필요한 기능일까?"

대부분의 아이팟 사용자가 가장 많이 사용하는 '메뉴' 버튼(윗단계로 돌아가는 버튼) 또한 이런 심판의 순간을 거쳐 만들었다. 스티브 잡스는 아이팟의 개발을 통해 제품을 구성하는 하나하나의 요소가 정말 필요한 것인지에 대한 논의를 멈추지 않았다.

가장 먼저 전원 버튼을 없앴다. 그리고 재생/일시정지와 앞

또는 뒤의 곡 듣기 버튼은 그냥 사양에 넣는 것에 동의한 스티브 잡스는 메뉴 버튼만큼은 없앨 것을 고집했다. 이 버튼을 추가하는 것이 조작을 단순화하는데 얼마나 큰 역할을 하는지, 개발자의 끈질긴 설득 끝에 이 사양은 겨우 살아 남았다.

애플 혁신성의 비밀에 대해 질문을 받은 스티브 잡스의 대답은 이렇다.

"1,000개의 사항에 대해 계속해서 'NO'라고 말을 하면, 내가 가고자 하는 길에서 벗어나 있지는 않은지 혹은 너무 지나친 것은 아닌지를 확인할 수 있습니다."

이러한 대답에 지나치게 소극적인 게 아니냐고 반문할 수도 있다. 하지만 그만큼 그들이 많은 논의를 반복하고 또 반복한다는 의미로 받아들여야 할 것이다.

스티브 잡스와 주위의 참모진들은 항상 새로운 가능성과 도전에 대해서 이야기한다. 하지만 몇천 번의 논의를 통해 정식으로 통과한 아이디어는 단 하나뿐이다. 이처럼 '충분한 논의'의 중요성을 강조하는 아이팟의 성공법칙은 그들의 가장 큰 인기 비결인 '훌륭한 디자인'으로 이어진다.

∶ 가장 단순한 것이 가장 혁신적이다

아이팟을 시작으로 애플의 제품 디자인은 무엇 하나 버릴 것이 없다. 그들 제품의 특징은 누구라도 한 번만 보면 제품의 모형을 스케치할 수 있다는 점이다. 그만큼 애플의 제품은 외형이나 디자인적인 특징에 있어서 단순함과 선명함을 자랑한다.

애플이 이런 디자인을 실현할 수 있었던 것은 제품을 구성하는 하나하나의 요소가 '각각 자신의 역할에 충실'해야 한다는 중요성의 인식, 즉 어떤 상황에서도 무리 없이 자연스럽고 민첩하며 정확하게 변화에 대응할 수 있는 '자연체'를 유지했기 때문이다.

실제 아이팟과 매킨토시의 디자인을 보면, 특이함을 내세우기보다는 다른 제품에서 상상할 수 있는 범위의 디자인들을 정리해 놓았을 뿐이다. 아이팟 셔플(iPod shuffle)의 디자인은 먼저 시판했던 아이팟의 리모컨 디자인이었고, 아이팟 나노는 이전 모델인 아이팟 비디오를 소형으로 만든 것과 같은 형태이며, 또 아이팟 터치(iPod touch)는 아이폰(iPhone)을 얇게 만들어서 몇 개의 버튼을 없앤 외관을 하고 있다.

하지만 아무리 기존 제품에서 상상할 수 있는 범위 내의 디자인이라고 하더라도 세세한 부분을 살펴보면 제품 콘셉트와 사이즈, 그 가격대에서 참 많은 고민을 했으며 제품 하나하나의 세심한 곳까지 배려하고 있다는 점에 놀라지 않을 수 없다.

예를 들어 아이팟 나노는 소형경량으로서 넥 스트랩(Neck Strap)을 사용해 목에 걸기 쉽도록 헤드폰 커넥터를 본체의 아래쪽에 붙여놓았다. 하지만 무게가 있어 주머니에 넣는 게 더 자연스러운 아이팟 클래식은 헤드폰 커넥터가 위에 붙어 있다.

외관으로 보기에 단순히 본체 색깔만 바꾼 것 같은 아이팟 나노의 스페셜 모델인 흑색 제품은 휠 부분을 검은색으로 도색하고(다른 모델은 흰색 도색) 거의 모든 버튼을 터치 센서로 처리한 반면, 폴더 스위치와 아이팟 셔플에 있는 셔플재생 모드나 일반재생 모드로 전환하는 중요한 조작 기능은 현재 어느 쪽 모드에 있는지를 촉각만으로 확인할 수 있도록 토글스위치 (toggle switch ^{아래위로 젖히는 스위치-역주})를 사용했다.

제품의 디자인적인 면만 봤을 때는 그 어떤 제품보다 간결해 보이지만 그 이면에는 긴 시간과 복잡성이 요구되는 고통스런 토론의 반복이 숨어 있다.

누군가 애플의 디자인에 대해 질문하자 스티브 잡스는 이렇게 대답했다.

"우리는 상품 전체를 보다 더 간결하게 만들려고 노력합니다. 무슨 문제든 처음에는 꽤나 복잡한 해결방법이 먼저 머리에 떠오르지요. 많은 사람들은 그 시점에서 그만 생각을 멈춰버립니다. 하지만 거기에서 멈추지 않고 끝까지 문제를 파고들어 양파 껍질을 벗기듯 한 가지씩 해결하다보면 종종 획기적이면서도 단순한 결과를 찾을 수 있습니다. 대부분의 사람들은 결과를 찾을 때까지 들여야 하는 시간과 에너지에 무척 인색합니다.”

이제까지 작업해온 제품의 수에 있어서나 각각의 제품이 세상에 끼친 영향력의 크기에 있어서 역시 스티브 잡스와 어깨를 겨룰만한 인물은 매우 드물다. 그는 보는 것만으로도 사물의 선과 악을 직감적으로 판단하는 예리함을 가지고 있다. 그런 그가 이렇게까지 철저하게 토론과 심사숙고를 거듭한다는 것은, 아이팟 정도의 제품을 만드는 일은 역시 아무나 할 수 있는 쉬운 일이 아님을 증명하는 행위다.

간결한 디자인만 봐서는 그다지 노력을 기울이지 않았을 것 같은 아이팟, 그러나 그 제품이 탄생하기까지에는 셀 수 없이 많은 수정과 노력의 땀방울들이 숨어 있음을 부정할 수 없다.

: **복잡한 기능보다 더 앞서는 것**

이렇게 유례없는 수정작업을 통해 탄생한 애플 디자인의 기본은 그 무엇도 아닌 바로 단순함과 간결함이다. 그 단순함의 극치를 보인 기본 디자인의 효과는 그동안 들인 시간과 노력에 충분한 대가를 안겨주었다. 애플이 제시하는 간결한 디자인을 통해 소비자들은 오히려 다른 회사 제품 디자인을 쓸데없는 요소를 추가한 모조품으로 여기게 됐기 때문이다.

아이팟과 비교할 때 다른 회사의 음악 재생기는 왠지 조잡해 보이는 것이 사실이다. 아이팟과의 차별성을 위해 다른 조작 기능을 추가하거나 아이팟에 지지 않기 위해 녹음 기능이나 FM 라디오 기능 등, 잘 사용하지 않는 불필요한 기능을 추가해서 각 기능의 버튼 수를 늘려놓았기 때문이다. 매스컴이나 세상의 눈은 결국 이러한 제품들을 '아이팟에 쓸데없는 요소를 추가한 제품'으로밖에 여기지 않는다. 슬픈 일이긴 하지만 많은 경쟁사들은 애플의 발상과 전략을 뛰어넘지 못했다.

그들은 어떻게 하면 아이팟을 눌러버릴 수 있을지에만 몰두한 나머지 상대적으로 경직된 사고에 빠져버리고 말았다. 그 결과 아이팟을 흉내 낸 유사품은 만들었어도 진정한 신제품을 만들지는 못했다.

: 사용설명서가 필요없는 자신감

아이팟의 강점은 디자인에만 있지 않다. 제1장 앞부분에서 디자인 이외에 쉬운 사용법과 가격, 브랜드의 힘, 생태계에 대해 이미 언급한 바 있다. 지금부터 바로 그 나머지 요소에 대해서 세부적으로 살펴보도록 하겠다.

우선 사용법에 대해서 얘기해보자. 아이팟의 사용법은 놀라울 정도로 쉽다. 자신감을 반영하기라도 하듯이 아이팟에는 복잡한 사용설명서가 붙어 있지 않다. 이는 휴대전화인 아이폰 역시 마찬가지다. 달랑 양면으로 인쇄된 포스터 한 장이 들어 있을 뿐이다. 어차피 빽빽하게 적혀 있는 설명서를 꼼꼼하게 읽을 사람은 아무도 없으니, 차라리 설명서가 필요없을 만큼 쉽게 조작할 수 있는 제품을 만들자는 것이 애플의 발상이었다.

90년대 중반까지는 '사용하기 쉽다'는 특징은 매우 주관적이어서 사용자에 따라서 받아들이는 데에 차이가 있기 때문에 이를 경시하는 경향이 있었다. 그래서 제품 홍보물에 '사용하기 쉽다'라는 말을 아무리 써 붙여도 소비자들은 이를 신용하지 않았다. 그렇다보니 그런 모호한 점을 내세우기보다는 어필하기 쉬운 기능을 추가해 분명한 장점을 확보하려는 경향이 강했다.

하지만 21세기에 들어서면서 소비자들의 사고는 성장했고, 더 이상 기능이 많다는 이유만으로 제품을 구입하지는 않았다. 실제로 그 기능이 사용하기 쉬운지 아닌지를 더 중요하게 인식하기 시작한 것이다. 이런 변화에 절묘하게 발맞춰 인터넷 게시판과 상품평 사이트, 블로그, 소셜 네트워크 서비스(Social Network Service : 지인들과의 관계망을 구축해 주고 이들의 정보 관리를 도와주는 서비스-역주) 등, 상품에 대한 의견을 즉각적으로 확인할 수 있는 웹서비스가 점차 등장하기 시작했고, 상품의 정보를 확실하게 찾아주는 우수한 검색서비스가 순식간에 확대됐다.

인터넷에 익숙한 오늘날의 대다수 사람들은 상품을 구입하기 전에 웹서비스를 통해 상품의 평가를 미리 검색한다. 사용자 시점에서 쓴 제품의 편리성과 불편한 점, 사용했을 때의 느낌 등, 제품의 장단점과 구매에 관한 정보를 얼마든지 확인할 수 있다.

이제 우리는 제품에 얼마나 많은 기능이 장착돼 있는가보다 기능의 질적인 면에 더 큰 관심을 기울이는 시대에 살고 있다. 그런 면에서 볼 때 아이팟은 양적인 기능보다 질적인 기능으로 성공한 대표적인 상품 중 하나라고 할 수 있다.

실제로 아이팟과 같이 직감적으로 조작할 수 있는 인터페이스를 제로 상태에서 만드는 일은 굉장히 어려운 작업이다. 애플이 최고의 제품을 만들기 위해 혼신의 힘을 다하는 과정에서 배운 세 가지 힌트를 소개하도록 하겠다.

첫 번째 힌트는 쓸데없는 기능을 없애는 것이다. 메뉴에 열거돼 있는 항목이 다섯 개에서 세 개로만 줄어도 제품의 조작은 월등히 향상된다. 애플은 '1,000번의 NO'를 반복하는 회의를 통해 기능을 엄선하고 직감적인 조작을 가능케 하는 데에 첫발을 내디뎠다.

두 번째는 일관성이다. 아이팟의 조작법은 아이튠즈와 여러 가지 공통점을 갖고 있다. 그리고 매킨토시 OS의 조작법 또한 최신 아이팟의 조작과 많은 공통점을 갖고 있다.

이처럼 자사 제품 전체에 일관된 조작체계를 구축함으로써 그 조작체계(혹은 세계관이라고 해도 좋다)에 익숙한 사용자의 수를 늘려나가는 것이다. 만약 이런 조작체계의 디자인을 전문가에게 맡긴다면, 하나의 제품뿐만 아니라 자사 제품 전체에 일관성 있는 체계를 구축하도록 항상 주의를 기울여야 할 것이다.

세 번째 힌트는 즐기는 마음이다. 사람들이 도구에 느끼는 애착은 그 도구가 가지고 있는 본래의 장점 이외의 것에서 만들어지는 경우가 많다. 예를 들어 펜을 잡을 때의 감촉은 그 펜의 필기감과는 직접적인 관련이 없다. 그럼에도 손가락 사이에 착 붙는 촉감이 뛰어난 펜은 그 장점만으로도 오래 사용하고 싶다는 생각을 갖게 한다.

2007년 9월, 모델을 바꾼 아이팟에 새롭게 내장된 커버 플로어(Cover Flow : 앨범 별로 정리된 음악으로서 재킷을 선택하면 앨범 전체를 통째로 들을 수 있는 기능-역주) 기능은 이리 저리 앨범 재킷을 넘김과 동시에 손끝의 촉감을 즐길 수 있다. 아이폰과 아이팟 터치의 스크롤 조작도 단지 원하는 곡과 정보를 찾는 것뿐만 아니라, 계속해서 이것저것 정보를 찾고 싶은 충동이 생길 만큼 손끝의 촉감이 뛰어나다(화면 위에 손가락을 올리고 기세 좋게 튀기듯이 조작하면 정보가 미끄러지듯이 움직인다).

애플은 기분을 좋게 하는 이런 감각의 중요성을 진작부터 이해하고 있었다. 스크롤을 해서 메뉴 일람표의 맨 끝까지 가도 스크롤은 멈추지 않는다. 아무런 메뉴가 없는 곳까지 스크롤이 가능하고, 이때 스크롤 휠은 메뉴가 있는 곳으로 다시 돌아가려는 동작을 하는데 이 또한 기분 좋은 느낌으로 작용한다.

조작이 쉬우면서도 기분을 좋게 하는 인터페이스, 이 단순한 기능은 수없이 반복되는 토론과 의견 교환이 없었다면 결코 만들어질 수 없었을 것이다.

： 성능은 뛰어나고 가격은 싸다

훌륭한 디자인과 사용자를 기분 좋게 하는 기능까지 갖춘 아이팟, 그 아이팟 개발을 위해 막대한 인적 비용이 소비된 것을 안다면 다소 비싼 가격에 팔린다 하더라도 사람들은 당연하게 받아들였을 것이다.

그런데 놀랄 만한 기능을 탑재한 아이팟의 가격은 경쟁사 제품과 비교해 결코 비싸지 않다. 다시 말해 싼값에 훌륭한 제품을 구매했다는 충족감을 안겨준다는 뜻이다. 오히려 경쟁사의 같은 용량 제품에 비해 가격이 저렴할 정도다. 개발에 많은 비용이 들었다고 해서 그 비용을 고스란히 고객에게 부담시켜서는 안 된다는 것이 애플의 생각이다.

무조건 가격을 높게 책정하기보다는 전력을 다해 만든 제품을 당당하게 시장에 선보임으로써 가능한 많이 팔리도록 하는 것이다. 애플은 '철저하게 좋은 제품을 만들면 그 제품은 반드시 팔린다'는 신념을 가지고 있기 때문이다.

한번 신뢰를 잃어버린 매킨토시 브랜드로는 그 신념을 실현하는 일이 쉽지 않았지만, 확실하게 신뢰를 쌓은 아이팟 브랜드라면 얼마든지 가능한 일이었다. 애플은 브랜드의 신뢰를 무너뜨리지 않기 위해서 아이팟의 개발과 판매에 전력을 다했다. 그 결과 막대한 양의 아이팟이 팔리면서 한 대당 드는 개발비용의 부담이 작아진 것이다.

아이팟 가격의 비밀은 이뿐만이 아니다. 또 다른 비밀 중 하나는 연구개발에 막대한 자금을 투입하는 한편 줄일 수 있는 비용은 철저하게 줄여 고객이 납득할 수 있는 가격 선을 지키려는 노력이다. 가격을 결정하는 포인트는 고객이 가장 손쉽게 구입할 수 있는 금액을 책정하는 것이다. 예를 들면 199달러, 299달러, 399달러라든지, 엔화의 경우 19,800엔이나 29,800엔, 39,800엔이라는 고객을 유혹하기 쉬운 금액을 말한다.

목표하는 가격 포인트가 정해지면 그에 맞춰 비용을 절감한다. 끈기 있는 교섭을 통해 주요 부품의 가격을 철저하게 낮추는 것이다. 애플과 거래하는 모든 반도체 제조사들은, 애플은 끈질기고 고달픈 교섭 상대라고 입을 모은다. 예상 가격에서 몇 배나 더 할인을 해 이윤이 거의 남지 않을 정도의 상한선에서 교섭을 진행하기 때문이다. 부품 제조사로서는 괴로운 거래지만 그래도 아이팟의 판매량이 어마한 숫자인 만큼 거절할 수 없는 거래처다.

어느 부품 제조사 직원은 애플에 대해 떠올리며 쓴웃음을 지었다.

"애플은 비즈니스 면에 있어서만큼은 의리와 인정에 휩싸이지 않고 유동적인 부품 가격을 정확하게 분석해서 언제나 빡빡한 선에서의 매입가격을 제시한다."

'좋은 상품을 만들면 반드시 팔린다'는 신념으로 똘똘 뭉친 애플은 하나의 제품에 전력을 다해 전 세계에 판매함으로써 그 높은 판매실적으로 다른 회사보다 압도적으로 유리한 가격을 실현하고 있다.

: 경계를 넘나드는 냉철한 심미안

한 번이라도 애플의 제품을 구입해본 고객이라면 애플의 제품을 사들고 집에 돌아가 패키지를 여는 시간까지의 그 가슴 설레는 즐거운 경험을 기억할 것이다. 하나하나의 부속품을 꺼낼 때마다 "우와~ 이런 게 다 들어 있네!"라며 지르는 즐거운 탄식과 처음 제품의 전원을 켰을 때 느끼는 걷잡을 수 없는 그 흥분을 어찌 잊을 수 있겠는가.

　사용자의 기대를 저버리지 않기 위해 제품의 포장까지 철저하게 신경 쓰는 세심한 전략은 곧 애플만의 매력으로 탈바꿈한다. 이러한 감정에 익숙한 애플의 고객들은 매우 엄격해서 조금이라도 부적합한 부분이 있거나 어울리지 않는 부속품이 포함돼 있는 경우 맹렬한 비난을 서슴지 않는다.

　애플의 제품에 거는 이런 기대감은 대체 어떻게 만들어진 것일까?

　대답은 간단하다. 애플은 그들만의 통일된 세계관을 가지고 있기 때문이다. 많은 애플 제품에는 굳이 사과 모양의 상징이 없어도 '이것은 애플 제품이 분명해'라고 생각할 정도의 분위기와 품격이 담겨 있다. 세상에는 아이팟을 그대로 모방한 가짜 아이팟에서부터 아이팟 풍의 디자인을 도입한 액세서리까지 다양한 제품들이 존재하지만, 한번이라도 애플 제품을 사용한 고객이라면 어떤 게 진짜 애플 상품이고 어떤 게 가짜 애플 상품인지 쯤은 쉽게 구별한다.

　애플이 이렇게 훌륭한 제품을 만들게 된 가장 큰 요소는 최고 경영책임자인 스티브 잡스가 경영자인 동시에 최강의 크리에이티브 디렉터이기 때문이다. 스티브 잡스가 창업한 또 다른 회사인 픽사(Pixar) 애니메이션 스튜디오(현재는 디즈니의 일부다)가

여기에 관여하고 있는 것은 아닌가 하는 생각이 들 정도다.

픽사는 영화 〈토이 스토리〉와 〈니모를 찾아서〉로 유명한 컴퓨터 애니메이션 제작사다. 이 회사가 영화를 만들 때 무엇보다 중시하는 부분은 '리얼한 세계관'이다. 픽사에서는 실사가 아니면서도 종래(셀화)와는 다른 컴퓨터 애니메이션 나름의 가치관을 추구한 결과 현실과 환상의 경계영역, '혹시 정말 이런 세계가 있는 게 아닐까?'라는 생각이 들 정도의 세계를 그려내는데 도달했다.

예를 들어 〈토이 스토리〉는 아이들에게 가장 친숙한 물건인 장난감이 살아 움직이면서 모험을 펼치는 영화다. 영상도 리얼하고 이야기도 실제처럼 세세한 부분까지 선명하게 그려내고 있어서 현실과 구분이 어렵다.

그러한 이유로 픽사의 영화 제작은 최종 작품에 삽입되지 않는 부분까지도 꽤 상세하게 이야기 설정을 진행한다. 영화관에서 상영되는 90~120분 정도의 분량 외에 두세 배 이상의 스토리와 설정이 준비되는 것이다. 예를 들어 우리가 보는 영화 장면에서 캐릭터의 표정이 조금 어둡다면 이는 편집된 장면에서 분명 무슨 일이 있었다는 뜻이다.

물론 영상에 대한 집착도 굉장하다. 열대어가 주인공인 〈니모를 찾아서〉의 제작 단계에서는 큰 문제가 발생하기도 했다. 당시 컴퓨터의 성능과 애니메이션 제작 소프트웨어로는 바다 속에서 출렁거리는 산호초와 해조를 사실적으로 그려낼 수 없었다. 영화의 완성 시기는 몇 번이나 연기됐다. 해조의 움직임을 대충 마무리해서 넘기자는 타협의 목소리도 있었지만 결국 픽사는 만족스러운 해조를 그려낼 때까지 완성 시기를 늦추었다. 픽사의 크리에이티브팀, 특히 크리에이티브 디렉터인 존 라세타(John Lasseter)는 다른 영상의 리얼한 부분을 해조로 인해 망칠 수 없다고 주장했다.

이러한 생각들은 바로 '아름다운 음악 재생기를 보기 흉한 AC 어댑터로 망칠 수는 없다'는 애플의 생각과 꼭 닮아 있다. 실제로 이 영화를 공개하기 전 한 인터뷰에서 라세타는 이런 이야기를 꺼냈다.

"스티브 잡스는 애니메이션 제작 자체에 대한 지식은 없지만 냉철한 심미안으로 제품의 좋고 나쁨과 겉날리듯 일한 부분을 정확하게 간파해 엄격하게 지적합니다. 또한 스티브 잡스는 언제나 '돈과 시간이 들어도 타협해서는 안 된다. 타협하지 않고 좋은 작품을 만들면 그때까지 사용했던 비용도 회수할 수 있다'며 우리들을 자주 설득하곤 했습니다."

스티브 잡스는 애플의 제품 개발에도 이와 같은 자세로 임하고 있다.

： 아이팟 월드를 만든 울타리 전략

여기까지 소개한 '간결한 디자인', '손쉬운 사용법', '저렴한 가격', '브랜드의 힘'이라는 아이팟의 네 가지 강점 중, '가격'에 관련한 부품 제조사와의 교섭 부분을 빼면 모두가 애플 스스로 이뤄낸 것들이다.

그러나 이러한 '강점'들은 절대적인 것처럼 보여도 실은 '저항력이 약한' 강점이기도 하다. 왜냐하면 만약 다른 기업이 더 훌륭한 디자인과 또 더 사용하기 쉬운 조작법을 갖춘 음악 재생기를 만들어낸다면 애플의 브랜드 힘은 이내 추락할 것이며 동시에 판매량도 줄고 그렇게 되면 제품 가격도 현재처럼 낮은 선을 유지하기 어렵기 때문이다.

하지만 애플은 이미 그런 조짐까지 감안해 조치를 취하고 있다. 그것은 바로 아이팟을 중심으로 한 '생태계' 구축이다. 한 마디로 '아이팟의 생태계'라고도 한다. 여기에는 애플 스스로가 준비한 생태계와 다른 회사가 만들어낸 생태계, 두 종류가 있다.

우선 애플 스스로가 만든 생태계를 알아보자.

아이팟을 구매한 사용자는 아이팟에 음악을 전송하는 소프트웨어인 아이튠즈를 컴퓨터에 설치한다. 아이튠즈에는 아이튠즈 스토어라는 음원판매 서비스가 내제돼 있다. 일본의 음반업계는 애플의 영향력이 너무 커지는 것을 우려해 다수의 곡을 제공하고 있지 않지만, 미국의 경우에는 아이튠즈 스토어에서 원하는 곡을 검색하면 대부분의 곡을 찾을 수 있다. 게다가 미국에서는 오디오북 콘텐츠와 라디오 프로그램, 뮤직 비디오, TV프로그램, 영화도 판매하고 있어 인기를 모으고 있다.

이렇게 구입한 음원과 동영상 콘텐츠는 아이팟은 물론 아이폰과 아이튠즈를 설치한 컴퓨터에서도 즐길 수 있다. 또 거실에서 여유 있게 즐기고 싶다면 TV에 연결해 음악, 영상 콘텐츠를 즐길 수 있는 '애플 TV'라는 상품도 있다.

이렇게 아이팟 구입자는 자동적으로 아이튠즈 생태계에 흡수되는데, 이 아이튠즈에는 여러 종류의 콘텐츠와 시청방법이 연결돼 있다. 게다가 아이튠즈 스토어를 경유해 입수한 다수의 콘텐츠는 다른 기업의 음악 재생기와 동영상 재생기에서는 재생할 수 없기 때문에 아이팟 사용자는 결국 이후 구입하게 될 재생기 역시 아이팟과 아이폰, 애플 TV를 선택할 수밖에 없다.

이것이 소위 말하는 '울타리 전략'으로서 이러한 전략에 분노와 비난의 목소리를 높이는 회사와 소비자도 많다. 하지만 애플은 그러한 목소리를 크게 문제삼지 않는다. 애플은 제품을 새롭게 바꿀 때마다 매력적인 상품을 출시하기 때문에 대부분의 고객들은 그런 목소리에 신경 쓰지 않고 자연히 (다음 제품으로) 아이팟을 선택하기 때문이다.

: 아이팟의 경제 파급 효과

아이팟에는 또 다른 중요한 생태계가 존재한다. 그것은 애플 이외의 기업이 만드는 생태계로서, 예를 들면 미국의 거의 모든 자동차에는 이미 아이팟 대응 모델이 준비돼 있는 것과 같은 경우다.

자동차 관련기기 조사 회사인 텔레마틱스 리서치 그룹(Telematics Research Group, TRG)이 2006년 말에 실시한 조사에 의하면 FM 트렌스미터(Transmitter : MP3 재생기에 들어 있는 음악을 카오디오로 들을 수 있게 하는 기기. 별도의 프로그램 설치 없이 재생기와 연결하고 라디오 주파수를 맞추면 차량 내 스피커를 통해 음악을 들을 수 있다-역주) 등을 사용하지 않고 직접 아이팟을 연결할 수 있는 자동차는 전체의 약 50퍼센트에 이른다고 한다. 실제 BMW와 메르세데스 벤츠, 재규어, 폭스바겐, 캐딜락, 볼보 등의 브랜드는 물론, 닛산, 마쯔다와 같은 일본의 쟁쟁한 자동차 회사도 포함돼 있다.

이러한 자동차를 산 고객들은 필시 아이팟을 구매할 것이다. 또 아이팟 전용 스피커도 다양한 종류의 제품이 출시되고 있다.

미국 보스(BOSE)와 JBL, 야마하 등의 유명 브랜드도 이러한 스피커를 판매하고 있다. 게다가 에르메스, 루이비통, 구찌 등의 고급 브랜드를 포함해 셀 수 없는 회사가 아이팟 전용 케이스를 판매하고 있다.

그 외에도 아이팟에 IC 레코더 기능을 추가한 제품과 아이팟을 가라오케로 변환한 제품 등을 출시하는 회사도 있다. 스키와 스노보드를 타면서 아이팟을 즐길 수 있는 스키복과 보드복 재킷도 있고, 아이팟과 제휴해 신발에 만보기를 삽입하고 조깅 기록을 아이팟 나노에 전송하는 '나이키+아이팟'이라는 제품도 있다.

이런 다양한 액세서리들은 '아이팟 이코노미'라고 불리는 하나의 큰 생태계를 이룬다(2005년도에 7억 달러, 2006년도에는 15억 달러의 규모). 애플은 아이팟의 매출뿐만 아니라 '아이팟 이코노미'에서도 막대한 수익을 올리기 위해 'made for 아이팟'이라는 액세서리 인정 프로그램을 실시해 액세서리 제조사에 로열티를 청구한다.

또한 아이팟용 주변기기의 대다수는 아이팟과 아이폰의 밑바닥에 깔려있는 도크(DOCK) 커넥터를 활용하고 있는데, 이 도크 커넥터는 애플의 지적 재산으로서 다른 회사의 제품에는 사용할 수 없다. 즉 도크 커넥터를 사용한 액세서리를 산 사람은 제품을 재구매할 때 다시 아이팟를 선택할 가능성이 높을 수밖에 없다.

: 사용자가 제품을 키운다

또 하나의 생태계는 제3자가 만들어낸 것으로서, 아이팟의 팬에 의한 커뮤니티라는 생태계다.

미국에서는 여러 개의 아이팟 전문 잡지가 출간되고 있으며, 아이팟을 이용해서 계속해서 새로운 시도를 하는 사람들이 많다. 아이팟을 이용해서 DJ를 하거나, 아이팟에 리눅스(Linux : 개인용 컴퓨터에서도 작동할 수 있게 만든 운영체제—역주) 등 다른 OS를 설치해서 즐기는 사람도 있다. 또 아이팟 신제품의 예상 회로도와 합성 사진을 만들어서 즐기기도 한다.

일본 디자이너 이사무 사나다(真田 勇) 씨는 인터넷에 공개한 아이팟 예상도로 인해 세계적으로 유명해졌고, 미국과 프랑스의 웹사이트와 잡지에서도 섭외의 손길이 치열하다. 또 아이팟의 CF를 손수 만들어 즐기는 사람도 있다. 게다가 그러한 사람들 주위에는 완성된 콘텐츠를 보고 즐기는 수십만 명 규모의 아이팟 팬이 존재한다.

애플은 이제까지 팬 커뮤니티와는 거리를 두고 있었지만, 2007년 중반부터는 조금씩 관심을 기울이기 시작했다. 미국에서 방송하고 있는 아이폰 TV CF의 제2탄에서 아이폰을 애용하는 일반 고객의 생생한 목소리를 사용한 것이다. 또 아이팟 터치의 첫 CF는 동영상 공유 사이트인 유튜브(YouTube)에서 인기가 높은 UCC CF 작품을 확보해 상업성 있게 다듬어서 CF로 방송했다.

이런 팬 커뮤니티에서는 때에 따라서 놀랄 정도로 번쩍이는 아이디어가 튀어나오기도 한다. '팟캐스트(Pod cast ^{: iPod과 Broadcasting을 결합해 만든 신조어. 오디오 파일 또는 비디오 파일 형태로 뉴스나 드라마, 각종 콘텐츠를 제공하는 것. 기존 라디오 프로와 달리 방송 시간에 맞춰 들을 필요가 없이 관심 프로그램을 다운 받아 아무 때나 들을 수 있는 새로운 개념의 맞춤형 개인 미디어-역주})'라고 불리는 오디오나 비디오 파일을 제공하는 각종 콘텐츠도 아이팟 팬들의 활동을 통해 탄생한 기술이다. 그들은 인터넷에 모여서 팟캐스트의 기술 사양을 정하고, 일반인에게 소프트웨어를 개발시켜 콘텐츠를 조금씩 늘려나갔다. 이윽고 세상이 팟캐스트 기술에 주목하기 시작하자 애플도 이 현상에 민감하게 대응해 이 기술을 아이튠즈에 접목시켰다. 그 전후로 음성뿐만 아니라 동영상 팟캐스트도 유행하기 시작했다.

이렇게 애플의 보증이 있고 나자 신문사와 TV 방송국, 라디오 방송국, 출판사와 대기업들이 콘텐츠를 제공하기 시작했다. 유명인과 개인의 음성/영상 콘텐츠 등, 팟캐스트 프로그램은 폭발적으로 늘어났다. 일본에서도 주요 라디오 방송국과 일본 경제 신문사 등이 토크 프로그램을 진행하고 있다. 그리고 미국과 유럽에서는 다수의 팟캐스트 라디오 방송국이 탄생했다.

이런 팟캐스트 콘텐츠의 청취자와 시청자는 계속해서 아이팟을 선택할 가능성이 높다. 이제 애플은 일반 대중들로부터 생겨난 문화를 적극적으로 도입해 새로운 세상, 새로운 트렌드를 만드는 일에 적극적으로 동참하고 있다.

: 아이팟 아성을 무너트릴 수 있을까

다른 기업에서도 애플과 같은 노력을 기울인다면 아이팟을 대신할 만한 음악 재생기를 만들어 낼 수 있을지 모른다. 새로운 디자인을 개발하고 탁월한 능력으로 그 디자인 작업을 수행해서 혁신적으로 조작이 간편한 사양을 실현할 수 있다면 말이다.

하지만 이제 와서 아이팟을 넘어서는 생태계를 구축한다는 것은 꽤나 어려운 작업이 될 것이다. 만에 하나 아이팟의 힘이 약해진다 해도 그들은 아이팟의 생태계에 의해 자리를 지킬 것이기 때문이다.

이미 아이팟을 사용하고 있는 세계의 많은 고객에게 새로운 음악 재생기를 개발해서 시판하는 일은 초등학교 1학년생으로 돌아가 처음부터 다시 인생을 시작하라는 것과 다르지 않다. 그런 무리한 주문을 하기보다는 아이팟의 뒤를 쫓는 기업이라면 이제까지 아이팟이 돌아보지 않았던 분야, 즉 애플이 개척하지 않은 고객층을 타깃으로 하는 것이 더 현명한 판단일 것이다.

세계 인구가 66억 명이 넘고, 아이팟의 누계 출하대수가 2008년 초 1억 5천만 대 정도인 만큼 아직 남아 있는 시장은 크다고 할 수 있다. 애플 역시 앞으로 새로운 고객층을 확보하기 위해 다양한 작업을 시도할 것이다. 그보다 앞서 적극적인 도전을 감행한다면 애플을 추월할 가능성은 분명히 있다. 언제 어디서나 찾을 수 있는 것이 기회다. 중요한 것은 그 기회를 누가 먼저 잡느냐 하는 것이다.

애플이라고 해서 위기가 없었던 것은 아니다. 바람 앞의 등불처럼 그 불꽃이 사그라지기 직전이었던 애플은 2007년경, 드디어 극적인 대 역전을 펼치며 지금의 성공을 이뤄낸다.

제 2 장

애플의 몰락에서 스티브 잡스가 부활하다

: 아메리칸 드림의 상징

애플은 1977년 창업 이래 당시 미국 역사상 가장 급속한 성장을 이룬 기업 중 하나로 꼽힌다. 사람들은 창고에서 시작해 거대한 부를 이룬 두 명의 젊은 창업자인 스티브 잡스와 스티브 워즈니악(Steve Wozniak)을 아메리칸 드림의 상징으로 꼽는다.

창업 당시의 애플은 애플II 라는, TV에 연결해서 즐기는 컴퓨터의 원조 격인 장치를 만들어 기계를 좋아하는 마니아들을 사로잡았다. 사업 초반에는 게임 소프트웨어 등이 많다는 장점으로 명성을 떨쳤지만, 애플II 가 등장하고 얼마 안 있어 '비지칼크(VisiCalc)'라는 세계 최초의 표계산 소프트웨어를 탄생시키면서 판도는 달라졌다. 이 소프트웨어가 회계 처리에 큰 효과를 발휘한다는 소문이 퍼지자 애플II는 비즈니스 시장에서도 주목을 받게 됐고 그 즈음부터 컴퓨터는 비즈니스 시장에서 무시할 수 없는 중요한 존재로 자리잡기 시작했다.

이를 눈치 챈 IBM은 드디어 컴퓨터 시장에 진출할 결의를 굳힌다. 그전까지 IBM은 대형 컴퓨터 전문회사로서 책상에 올려놓는 개인용 컴퓨터가 비즈니스에 사용될 거라고는 생각하지 못했었다.

∶ 아메리칸 드림의 추락

1981년, 젊은 스티브 잡스는 브랜드의 힘이 얼마나 중요한지에 대해 뼈저리게 느끼게 된다.

완성을 앞두고 있는 IBM PC를 본 애플의 직원은, 마이크로소프트에서 만든 OS와 하드웨어 모두 완성도가 떨어진다는 사실에 안도의 숨을 내쉬었다. 왜냐하면 IBM이 PC를 출시하려던 1981년, 애플은 이미 차세대 컴퓨터를 판매할 예정에 있었다. 더욱이 애플의 컴퓨터는 IBM PC보다 10년 정도 앞선 제품이기 때문이었다.

애플은 여유를 보이며 미국 월스트리트 저널지에 이런 광고를 냈다.

'어서 오세요, IBM ~'

하지만 컴퓨터 시장은 애플의 생각대로 움직이지 않았다. 차세대 컴퓨터 리사(Lisa)의 개발은 2년이나 늦어졌고, 그때까지 시장을 뺏기지 않기 위해 개발한 비즈니스 컴퓨터인 애플Ⅲ는 제품의 질이 떨어져 큰 실패로 끝이 났다. 게다가 IBM PC가 발매되면서 많은 대기업들이 'IBM'이라는 브랜드의 유혹에 이끌려 제품을 구입했다. IBM PC는 시판된 지 겨우 1년 만에 25만 대를 판매했다. 이에 비해 애플의 간판 상품격인 애플Ⅱ는 연간 13만 5천 대 판매에 그쳤다.

이제까지 시장을 독식했던 애플의 우위성이 한번에 사라지고 만 것이다. 하지만 스티브 잡스는 그만한 일로 기죽지 않았다. 그는 IBM의 성공을 오히려 애플의 엔지니어 결속력을 높이는데 이용했다. 그리고 1983년, 드디어 리사를 출하하기에 이른다.

리사는 스티브 잡스를 필두로 하는 애플의 엔지니어가 제록스의 팔로알토(Palo Alto) 연구소를 견학하며 힌트를 얻어 만든 마우스 조작 컴퓨터다. 누구든지 단 20분 만에 컴퓨터를 조작할 수 있다는 엄청난 장점을 내세운 제품이었다.

당시의 IBM PC와 애플Ⅱ는 키보드로 명령어를 입력해서 조작하는 시스템이었다. 그러다보니 당연히 명령어를 암기하고 있는 사람만이 조작이 가능했고, 많은 시간을 들여야만 조작법을 익힐 수 있었다.

그러나 이러한 난제를 극복한 리사의 유일한 단점은 한 대 가격이 9,995달러(현재 달러로 환산하면 약 21,000달러로 약 2,100만 원 정도다)로 굉장히 비싸다는 점이었다.

결국 애플의 미래는 리사 시판 다음 해에 발표한 '매킨토시'가 그 책임을 떠안게 된다.

： 매킨토시의 탄생

"1984년이 되었습니다. IBM은 모든 것을 수중에 넣으려 하고 있습니다. IBM을 막을 수 있는 단 하나의 희망은 애플입니다. 처음에는 두 팔을 벌려 IBM을 환영했던 딜러들도 지금은 IBM 의 지배하에 관리당하는 미래를 두려워하고 있습니다. 그들은 자신들에게 자유를 찾아줄 수 있는 유일한 세력인 애플 쪽으로 다시 눈을 돌리고 있습니다."

이는 매킨토시 발표 당시 스티브 잡스의 연설 중 일부분이다. 스티브 잡스는 잠시 침묵한 뒤 다시 말을 이었다.

"IBM은 드디어 업계 지배의 마지막 장애물인 애플을 조준하기 시작했습니다. 빅 블루(Big Blue : IBM의 다른 호칭-역주)는 컴퓨터업계의 모든 것, 정보화 시대의 모든 것을 지배하려는 것일까요? 과연 조지 오웰의 예견이 맞는단 말입니까?"

청중이 일제히 "NO!"라고 외치자 스티브 잡스는 매킨토시의 등장을 예고하는 CF '1984'를 상영했다.

조지 오웰은 1949년에 빅 브라더라고 불리는 한 지도자가 전 국민을 감시하고 지배하는 미래 세계를 그린 SF 작품 『1984년』을 쓴 작가다. 애플의 CF는 이를 모티브로 한 작품으로서, 매킨토시의 셔츠를 입고 해머를 손에 든 여성이 뒤쫓는 경찰부대를 뿌리치고 빅 브라더의 영상이 방송되는 스크린에 해머를 던져 화면을 깨버리는 내용이었다. 끝부분에 이런 내레이션이 흐른다.

'1월 24일, 애플은 매킨토시를 발표한다. 그리고 당신은 1984년이 『1984년』과 같이 되지 않는다는 것을 알게 될 것이다.'

이 CF는 〈에이리언(1979)〉과 〈블레이드 러너(1982)〉 등의 작품으로 알려진 영화감독 리들리 스콧(Ridley Scott)이 만든 것으로서 광고 역사에 길이 남을 전설적인 작품이 됐다.

대대적인 광고 효과와 더불어 매킨토시는 순조로운 출발을 시작해 출시한 지 2개월 반 만에 5만 대 정도를 팔았다. 하지만 아쉽게도 이러한 상황은 오래가지 못했다.

제품 가격의 중요성을 잘 알고 있던 스티브 잡스가 개발을 지휘한 덕에 선진적 기능을 갖추었음에도 불구하고 매킨토시는 2,495달러라는 비교적 저렴한 가격을 책정했다. 단 매킨토시는 이 가격을 실현하기 위해 하드디스크의 탑재를 포기하고 메모리도 128KB로 제한했다. 또 겨우 400KB의 용량으로 플로피디스크에 OS(운영체제)와 응용 프로그램 양쪽 모두를 감당해야 했다. 개발자는 공들인 응용 프로그램을 사용할 수 없었으며 사용자 또한 빈번하게 디스크를 교체해야 하는 불편을 감수해야만 했다.

당시 애플의 고문 역할, 즉 애플 펠로우(Apple Fellow : 획기적인 기술업적을 이룬 애플인)였던 알란 케이(Alan kay)는 사내 메모를 통해 "매킨토시는 겨우 4분의 1갤런의 휘발유 탱크를 달고 있는 혼다 자동차와 같다. 세계에서 가장 훌륭하게 디자인된 수송 시스템이지만 겨우 야채를 사러 모퉁이에 있는 가게를 다녀오는 것밖에는 할 수 없다."라고 평했다.

그 후 커다란 비극이 덮쳐와 애플은 위기를 맞이한다. 창업자인 스티브 잡스가 놀랍게도 자신이 고용한 전문 경영인인 존 스컬리(John Scully)와의 대립으로 그만 애플에서 쫓겨나는 상황에 처하고 만다.

이 사건의 발단은 스티브 잡스에게 있었다. 그는 스컬리가 애플의 경영자로서 역할을 다하지 못한다고 판단하고는 그가 중국으로 출장을 간 사이 쿠데타를 일으키려 했다. 두 명의 부사장이 회사를 이끄는 새로운 경영체제 시도를 계획했던 것이다.

스티브 잡스의 가장 큰 실패 원인은 그의 라이벌이었던 장 루이 가세(Jean Louis Gasse)에게 이 계획을 누설한 데에 있다. 가세에게서 스티브 잡스의 쿠데타 계획을 전해들은 스컬리는 크게 분노하며 임원회의를 통해 자신과 스티브 잡스 중 한 사람을 선택할 것을 요구했다. 그러자 임원들은 경영자로서의 신망이 높은 스컬리를 선택할 수밖에 없었고, 자신이 선택되지 않은 것에 충격을 받은 스티브 잡스는 결국 애플을 떠나기로 결심한다.

이때부터 애플과 스티브 잡스는 11년 동안 서로 다른 길을 걷는다.

: 출판업계 혁명을 선도한 매킨토시

스티브 잡스가 떠난 후, 매킨토시는 그야말로 대히트 상품이

됐다. 안타깝게도 그 성공의 씨앗을 뿌린 사람은 그 누구도 아닌 바로 스티브 잡스였다.

매킨토시를 출시한 뒤 스티브 잡스는 매킨토시가 네트워크를 형성하는 오피스 환경, 즉 '매킨토시 오피스'를 구상하고 이 네트워크 환경에서는 파일 서버 (LAN에서 모든 사용자가 접근할 수 있는 파일 기억 장치. 원격 디스크 구동 장치로서의 기능을 하는 디스크 서버와는 달리, 파일 서버는 파일을 격납할 뿐만 아니라 파일을 관리하고 사용자들의 파일 요구와 파일 내용 변경의 질서를 유지하는 등, 고도의 기능을 수행하는 장치-역주) 와 레이저 프린터가 중요한 역할을 담당할 거라고 설득했다. 당시의 레이저 프린터는 매킨토시 본체보다 훨씬 고가였다.

경영진의 반대에도 무릅쓰고 스티브 잡스는 이 개발을 강행했다. 캐논의 엔진을 단 프린터를 개발하기로 결정한 뒤, 다양한 방법을 시도했지만 문자와 그래픽은 깨끗하게 인쇄되지 않았다. 이로 인해 곤란에 처한 스티브는 제록스의 팔로알토 연구소를 그만둔 두 명의 팀이 만든 어도비(Adobe Systems)라는 회사를 소개받는다.

어도비는 문서의 인쇄를 최고 해상도로 깨끗하게 할 수 있는 포스트스크립트(Post Script)라는 기술을 가지고 있었다. 스티브 잡스는 이 기술의 장래성을 순간적으로 간파하고 계약을 체결했다. 어도비는 최초로 컴퓨터와 프린터를 합친 하드웨어 인쇄 시스템을 개발해서 판매하려 했지만, 스티브 잡스의 열성적인 설득으로 라이선스 계약 쪽으로 방향을 전환한 결과 큰 성공을 거뒀다.

이렇게 해서 애플은 포스트스크립트 대응 레이저 프린터를 얻는다. 여기에 앨더스(Aldus)라는 신흥회사가 개발한 레이아웃 소프트웨어 '페이지메이커(PageMaker)'가 가세해 DTP(데스크톱 출판)라는 제품이 탄생하게 되는데, 이는 출판업계에 혁명을 일으킨 일대 사건으로서 출판사를 중심으로 매킨토시는 단숨에 확산된다.

그즈음 메모리 용량을 늘린 매킨토시 '512K'와 하드디스크와 접속할 수 있는 '맥 플러스(Macintosh Plus)'라는 후속 기종이 모두 출시된다. 이 DTP 혁명은 그 후 10년 가까이에 걸쳐 한국과 일본을 포함한 전 세계로 그 세력을 넓혀나간다. 그 영향력은 지금까지 이어져 세계적인 DTP 하면 역시 매킨토시의 독무대가 지속되고 있다.

애플은 DTP 혁명을 불러일으킨 뒤에도 그 자리에 안주하지 않았다. 스티브 잡스가 그만둔 뒤, 스스로를 애플의 최고기술책임자로 임명한 존 스컬리는 텍스트와 정지화면, 동영상, 음성 등 여러 가지 정보가 혼재하는 멀티미디어 시대의 도래를 예언하고 실제로 멀티미디어 시장을 만들었다.

이런 시장을 만들게 된 데에는 세 가지 계기가 있다. 하나는 초대 매킨토시 개발팀의 엔지니어인 빌 앳킨슨(Bill Atkinson)이 1986년에 만든 하이퍼카드(HyperCard)라는 소프트웨어로, 이는 화면상에서 여러 가지 미디어와 다른 정보와의 링크를 가능하게 했다. 네트워크 접속이 가능한 것은 아니었지만, 오늘날의 웹페이지와 비슷한 것을 누구라도 간단히 만들 수 있다는 점은 혁신적이었다. 이 하이퍼카드를 사용함으로써 컴퓨터와 친숙하지 않았던 교사나 아티스트들의 작업이 훨씬 수월해졌다.

두 번째 계기는 1991년에 등장한 퀵타임(QuickTime)이라는 기술로서, 이는 컴퓨터상에서 본격적인 동영상 취급을 가능하게 하는 여러 가지 기술을 집대성(굉장히 유연한 기술로서 동영상 이외에 문자와 3D 데이터를 복합적으로 실행할 수 있었다)한 것이었다.

세 번째는 CD ROM 드라이브와 1992년 일본의 하코네에서 열린 '멀티미디어 국제회의 하코네 포럼'이라는 이벤트다. 스컬리는 이 포럼에서 지금까지의 플로피디스크를 한 번에 600장 이상 저장할 수 있는 용량의 새로운 디바이스인 CD-ROM을 보급시키기 위해 컴퓨터에 표준적으로 설치할 것을 호소했다.

애플과 후지쯔를 시작으로 여러 기업들이 스컬리의 호소에 합의했다. 이때부터 CD-ROM은 단숨에 확산됐고, 본격적인 작품 제작을 가능하게 한 매크로마인드(MacroMind, 현재 어도비의 일부)

의 '디렉터(Director)'라는 소프트웨어와 하이퍼카드, 퀵타임 기술을 조합해 여러 가지 형태의 새로운 콘텐츠를 만들 수 있었다.

예를 들어 백과사전과 게임, 소재집, 정기 간행물, 성인 콘텐츠 등, 여러 형태의 콘텐츠가 만들어져 하나의 큰 시장을 구축했다. 매킨토시는 이 시장에서 콘텐츠 제작뿐만 아니라 재생기 부문에서도 중심적인 존재가 됐다. 이 CD-ROM을 중심으로 멀티미디어를 꽃피운 이 시기는 스티브 잡스가 부재한 동안 애플이 가장 번성했던 때다.

일본에서도 가정용 매킨토시 시스템인 '퍼포마(Performa)' 시리즈가 인기를 얻으면서 매킨토시 사용자가 기하급수적으로 늘어났다.

하지만 이후로 애플은 서서히 쇠락의 길로 들어선다.

：애플의 붕괴

애플의 쇠퇴 원인으로는 여러 가지를 들 수 있지만 가장 본질적인 문제는 이 시기에 애플 사내가 완전히 무법지대였다는 것이다.

DTP와 멀티미디어의 성공으로 얻은 수익은 모두 막대한 연구개발비에 쏟아 부었다. 순수하게 미래를 향한 기술 개발이었다면 다소 무리가 되더라도 큰 문제는 아니었을 것이다. 그러나 애플은 컴퓨터 본체 개발과 동시에 반도체 제조 영역에까지 손을 뻗어 컴퓨터의 두뇌인 CPU를 만들고자 했다. 게다가 개발에 필요하다는 이유로 1대당 1,500만 달러나 하는 슈퍼컴퓨터까지 구입했다.

그 외에도 멀고먼 미래를 위한 연구와 도무지 어디에 도움이 되는지 알 수 없는 제품의 연구개발, 그리고 개발 중인 제품과는 정반대 방향의 또 다른 연구 등, 다수의 연구개발 프로젝트가 난립해 어느 누구도 그 전모를 파악할 수 없을 정도로 애플은 혼탁해지고 있었다.

이외에도 3D 파일 브라우저 환경을 개발하는 연구에서부터 컴퓨터 배선에 고속 전화 교환기 장치인 ATM을 도입하는 연구, 차세대 서류 양식의 연구, 컴퓨터와 PDA와 전화를 융합하는 연구, IBM 제품인 기업 시스템과 매킨토시를 융합하는 연구, CPU에 DPS라는 프로세스를 덧붙이는 '쌍두체제' 매킨토시 등, 수없이 많은 연구개발 테마를 진행하며 각각의 프로젝트에 막대한 예산을 책정해 투입했지만 실제 상품으로 개발된 것은 거의 없다.

그중에서도 가장 큰 타격은 매킨토시의 차세대 OS가 될 예정이었던 '코플랜드(Copland, 코드 이름)'와 PC(매킨토시 이외의 컴퓨터)상에서 작동하는 맥 OS인 '스타트랙(StarTrec)', 이 두 개의 프로젝트가 좌절된 점이다.

90년대 중반, 컴퓨터 OS의 발전을 위해서는 선점다중작업 (Preemptive Multitasking : 다중 처리 작업을 빠르게 하기 위해 OS가 처리 작업 타이밍을 제어해 우선순위가 높은 작업을 수행하는 작업-역주)과 메모리 보호 동작을 안정시키는 두 가지 기술이 필수적이라고 알고 있었다. '코플랜드'는 맥 OS에 이 두 가지 기능을 설치할 수 있도록 하는 최초의 단계로서 매킨토시의 장래가 걸린 프로젝트였지만, 제대로 정리되지 않은 채 출시 날짜는 점차 연기됐다. 애플은 그때마다 매번 개발팀의 직원 수를 늘렸지만 이 또한 혼란을 악화시키는데 큰 몫을 할뿐이었다. 제품의 완성이 늦어지면서 애플은 모든 자금을 개발비용으로 소비하고 있었다.

사실 '스타트랙'은 매킨토시를 완전히 다른 운명으로 이끌 수 있는 가능성을 숨긴 OS였다. 90년대 초반에는 매킨토시와 PC 시장이 1대 9 정도로 나뉘어 있었고, 신문은 애플의 우세를 계속적으로 보도했다. '스타트랙'이 등장하면 애플의 마지막 도전 영역이었던 PC 분야에서까지 매킨토시의 소프트웨어가 움직이는 것이다.

하지만 '윈도우 95' 발매가 임박한 1994년경 애플은 자금을 낭비하는 '코플랜드'와 '스타트랙' 중 하나의 개발을 중지할 수밖에 없는 상태에 몰리고 말았다. 당시의 경영자는 마이크로소프트의 윈도우처럼 매킨토시 OS를 발매해 OS 라이선스 비용을 벌어들인다 해도 회사 규모를 절반으로 축소하지 않으면 이익이 발생하지 않을 거라고 예상해 '코플랜드'에 회사의 운명을 맡기기로 결정한다. 하지만 '코플랜드'는 미완성에 그치고 말았다.

∷ 매각 직전 애플이 취한 행동

1995년 이후 애플은 놀랄 정도로 쇠약해졌다. 중역진도 이미 회사를 포기한 채 얼마의 가격에 다른 대기업에 매각할 수 있을지 고민했다. 신문에는 연일 애플의 매수 소문이 보도됐다. 실제 AT&T, 선마이크로시스템스(Sun Microsystems), 일본의 소니 등이 매수에 관심을 보였다.

이때 스티브 잡스 또한 래리 에리슨(Larry Ellison)과 함께 애플을 매수할 계획을 세우고 있었다. 에리슨은 스티브 잡스의 절친한 친구 중 한 사람으로서 마이크로소프트에 이어 소프트웨어 회사 중 두 번째로 시장을 장악하고 있는 미국 오라클(Oracle)의 창업자이자 최고경영책임자였다.

그러나 모든 교섭은 난항을 거듭할 뿐, 애플은 좀처럼 생각한 만큼의 조건을 이끌어내지 못했다. 그러는 동안 실패는 또 다른 실패를 낳고, 이러한 사실이 보도되면서 애플의 가치는 계속해서 곤두박질쳤다. 그에 발맞춰 매킨토시용 소프트웨어 개발자들도 차례차례 윈도우로 직장을 옮기기 시작했다.

바로 그때, 애플에는 아직 회복할 수 있는 희망이 있다고 외친 사람이 있었다. 그는 당시 애플의 비상임 이사 중 한 명이었던 길 아멜리오(Gill Amelio)라는 인물이었다. 애플의 이사회는 1996년 2월에 그를 애플의 회장 겸 최고경영책임자로 임명했다. 그는 애플의 책임자가 되자마자 가장 심각한 문제였던 자금 흐름부터 해결하기 위해 애썼다. 애플은 이미 자금이 바닥나 5주간밖에 조업할 수 없는 지경에 이르러 있었다.

아멜리오는 계속해서 재정에 심각한 타격을 주고 있는 재고문제와 너무 비대화된 제품 라인업의 축소에 돌입했다. 그리고 이렇게 말했다.

"첫 번째로 해야 할 일은 원점으로 돌아가는 것입니다. 어떻게 설계하고, 개발하고, 제조하고, 서비스를 제공할 것인지 등등, 기본으로 돌아가는 것 말입니다."

물론 처음에는 이런 시도가 고통스러운 일로 느껴지겠지만 참고 견디다보면 9개월~1년(1997년 초) 만에 이익을 낼 수 있게 되고, 3년 이내(1999년까지)면 건전한 재정 상태를 유지할 수 있을 정도까지 회복할 것이라는 게 그의 예상이었다.

하나하나 문제를 정리해 나가던 아멜리오에게 가장 골치 아픈 일은 회사의 운명을 걸었던 '코플랜드' 프로젝트였다. 드디어 1996년 중반경, 아멜리오는 즉각 '코플랜드' 프로젝트를 포기하고 같은 운영체계의 핵심인 커널(kernel : 운영체제의 핵심 부분으로서, 운영체제의 다른 부분 및 응용 프로그램 수행에 필요한 여러 가지 서비스를 제공한다-역주)에 다른 회사의 기술을 도입한다는 방침을 발표하기에 이른다. 아멜리오의 생각은 무척 개방적이어서 라이벌이었던 선마이크로시스템스와 리눅스 외에 마이크로소프트와도 OS 기술 교환을 협의했다.

하지만 최종적인 후보로 남은 곳은 원래 애플에서 근무했던 사람이 경영하는 회사에서 만든 두 개의 OS였다. 하나는 스티브 잡스가 떠난 뒤 얼마 지나지 않아 매킨토시 프로젝트를 이끌었던 장 루이 가세(스티브 잡스의 쿠데타를 폭로한 바로 그 인물)의 회사 비(Be)에서 만든 Be OS였다. 그리고 다른 하나는 스티브 잡스가 이끌고 있는 미국의 넥스트(NeXT Software)의 오픈스텝(OpenStep)이라는 OS였다.

아멜리오는 어느 회사건 공평하게 심사했고 양쪽 모두 중역들 앞에서 공정하게 프레젠테이션을 하도록 요구했다.

스티브 잡스보다 먼저 교섭을 시작한 가세는 자사가 반드시 계약을 딸 것이라는 섣부른 믿음으로 매수금액을 올리는 데에만 급급해 기술의 우위성을 제대로 설명하지 못했다.

이에 비해 넥스트는 OS의 매력에만 치중하지 않고 넥스트의 또 다른 소프트웨어인 웹 오브젝트(WebObject : 웹을 위한 응용 프로그램 개발을 돕는 소프트웨어-역주)가 애플의 기업 지향 전략에 얼마나 중요한지에 대해 설명했다.

아멜리오는 이러한 장점 이외에도 창업자인 스티브 잡스가 애플에 다시 돌아온다면 어두운 소식만 계속되던 애플에 큰 용기를 줄 수 있을 거라 믿고 가세의 요구액을 훨씬 웃도는 4억 2,700만 달러에 넥스트를 매수했다.

그렇게 해서 스티브 잡스는 다시 애플로 돌아오게 된다.

옛날의 스티브 잡스를 잘 아는 사람들은 이러한 결정이 아멜리오에게 있어서 자살행위가 될 거라는 소문을 퍼뜨렸고, 결국 그 소문은 반년 만에 현실로 드러났다.

: 스티브 잡스의 교활한 계획

아멜리오는 부활한 카리스마 창업자 스티브 잡스를 회사의 얼굴로 내세우고 자신은 실무에 전념할 생각이었다. 하지만 애플에 복귀한 직후 스티브 잡스는 전과 달리 소극적인 자세를 취했다. 자신에게는 가족과 픽사의 일이 더 중요하다며 아멜리오의 고문 역할자로 가끔 회사에 모습을 나타낼 뿐이었다.

스티브 잡스와 아멜리오의 불화가 점차 커져갔다. 봄이 되자 스티브 잡스의 친구인 래리 에리슨은 애플을 매수해 스티브 잡스를 최고경영책임자로 앉히겠다는 공표를 하고는 전자메일로 의견을 모았다. 또 얼마 후 스티브 잡스는 보상으로 받은 애플 주식을 대량 매각했다. 이 사실이 신문에 보도되자 애플의 주가는 크게 하락했다.

이 사건 직후 4분기 적자 결산보고서가 발표되자 애플과 함께 한때 재건의 귀재라고 불렸던 아멜리오의 평판은 땅에 떨어지고 말았다. 이때를 기다리기라도 한 듯 스티브 잡스는 즉시 쿠데타를 일으킨다. 이사 중 한 명에게 아멜리오의 추방과 함께 현재 이사 두 명을 제외한 나머지 모두를 교체할 것을 제안한 것이다. 이 계획은 아멜리오의 부재중에 진행됐고 아멜리오는 돌연 해임되고 만다.

아멜리오 해임 사건은 최악의 타이밍에 일어났다. 그 다음 달에 매킨토시 사용자뿐만 아니라 IT업계 모두가 주목하는 이벤트인 '맥 월드 보스턴 엑스포'가 열릴 예정이었기 때문이다. 애플은 그 자리를 빌려 넥스트의 매수 효과와 장래 계획에 대해 발표할 예정이었다. 하지만 그 중요한 강연을 해야 할 아멜리오가 쫓겨나게 된 것이다.

결국 맥 월드 보스턴 엑스포에서의 발표는 애플에서 아직 직함도 부여 받지 않은 스티브 잡스가 맡았다. 이 강연은 애플의 '기적적인 부활'의 전주곡이었다.

물론 당시 애플의 가치는 땅에 떨어져 있었다. 매수를 생각했던 소니나 선마이크로시스템스도 더 이상 애플을 매수할 가치가 없는 회사로 간주했다. 하지만 겨우 6개월 뒤인 1998년 1월, 애플은 흑자를 만들며 새로운 부활을 꿈꾸기 시작한다. 그로부터 6개월 뒤에는 시대를 풍미하는 컴퓨터인 '아이맥(iMac)'을 발표하고 완전한 부활을 이룬다.

5년 후인 2002년에는 윈도우에서 사용 가능한 아이팟을 빌어 애플에 흥미를 갖고 있지 않던 PC 사용자 시장에까지 뛰어들고 10년 뒤인 2007년에는 세계 디지털 음악 시장을 정복해 시가총액으로 IBM을 앞지르는데 성공한다.

이어 다음 장에서는 애플의 기적의 부활극을 다시 한번 되짚어 보도록 하겠다.

제 3 장

디지털허브에 건 애플의 미래

: 승리의 방정식을 새로 쓰다

애플에서 다시 실권을 찾은 스티브 잡스가 맞이한 첫 번째 사건은 1997년 8월, 맥 월드 보스턴 엑스포의 기조 강연이었다. 이 강연에서 그는 몇 가지 중요한 발표를 한다.

이사회 임원들 대부분을 교체한다는 발표를 시작으로, 가장 큰 문제의 소지를 안고 있던 마이크로소프트와 협력체제를 구축한다는 발표였다. 제휴 내용은 모두 다섯 가지였다.

첫째는 마이크로소프트가 1억 5,000만 달러 상당의 의결권 없는 애플 주식을 구입한다는 내용이었다. 이러한 결정은 애플의 열악한 재정 상태를 단숨에 호전시키는 계기가 됐다.

두 번째 내용은 마이크로소프트와 함께 인기 제품인 오피스와 인터넷 익스플로러를 매킨토시용으로 5년간 개발한다는 것이었다. 두 회사는 그 후로도 계속 계약을 갱신하고 있어서 매킨토시용 오피스는 지금도 건재하다.

세 번째는 애플이 인터넷 익스플로러를 매킨토시의 기본 웹브라우저로 사용한다는 내용이었다. 당시 마이크로소프트는 미국의 넷스케이프(Netscape)와 웹브라우저의 시장점유율 싸움을 지속하고 있었다. 하지만 마이크로소프트와의 계약 후 애플은 라이벌 소프트웨어인 '넷스케이프 네비게이터(Netscape Navigator)'도 매킨토시에 설치하도록 했다. 그리고 사용자가 원하면 넷스케이프를 매킨토시의 기본 웹브라우저로 설치할 수 있도록 했다. 하지만 '인터넷 익스플로러'의 개발 계약은 5년 반 뒤 성장의 파도를 타기 시작한 애플이 경쟁상품인 웹브라우저 '사파리(Safari)'를 발표하자 중단됐다.

네 번째는 양자가 보유하고 있는 특허에 관해 광범위한 크로스 라이선스(Cross License ː 각각 별개의 특허권을 소유한 양 당사자가 상호 실시권을 설정하는 것-역주)를 체결한다는 내용이었다. 실은 애플과 마이크로소프트는 오랜 동안 특허권 재판을 지속하고 있었다. 마이크로소프트의 윈도우가 애플 매킨토시의 조작법을 모방했다는 소송이었다. 재판 결과는 마이크로소프트의 승리였다. 1985년 당시 애플은 마이크로소프트의 경영자인 빌 게이츠와의 머리싸움에서 패해 불리한 계약을 체결했던 것이다.

당시 마이크로소프트는 이미 윈도우를 발표한 상태였다. 애플의 최고경영책임자인 스컬리는 매킨토시의 우위성을 지키기 위해 1년 뒤인 1986년 10월 이후에나 윈도우용 엑셀을 발표한다는 조건으로 두 가지 동의서에 사인을 했다(당시 마이크로소프트는 아직 윈도우용 엑셀 개발에 착수하지 않은 상태였고 개발까지는 1년 정도의 시간이 소요될 거라고 예상했다).

동의서 중 하나는 애플이 마이크로소프트의 매킨토시용 표계산 소프트웨어인 '엑셀(Excel)'과 워드 프로세서 소프트웨어인 '워드(Word)'와 그로부터 파생되는 소프트웨어의 개발을 인정하는 것이었다. 다른 한 가지는 엑셀 등의 소프트웨어는 애플의 리사와 매킨토시의 조작법을 기반으로 한 파생물로 인정한다는 내용이었다.

즉, 마이크로소프트는 매킨토시용 엑셀에서 파생한 소프트웨어라면 윈도우 OS 등에 매킨토시의 근본이 되는 조작법을 모방해도 문제가 없다는 내용으로 해석할 수 있었다. 패소한 뒤에도 애플은 상소를 계속해 재판은 몇 년 동안 지속됐다. 하지만 스티브 잡스가 마이크로소프트와 제휴함으로써 이 법적 다툼은 비로소 종지부를 찍었다.

다섯 번째는 양쪽 회사 모두 자바(Java : 컴퓨터로 이용하는 소프트웨어를 만들기 위한 '개발 언어'-역주)의 호환성을 보증한다는 내용이었다. 자바는 윈도우와 맥 OS 등, OS의 종류에 상관없이 작동하는 소프트웨어를 개발하는 기술이다. 선마이크로시스템스가 개발한 기술이지만, 마이크로소프트도 독자적인 개발로 그들의 독주를 견제하고 있었다.

다섯 가지 계약 항목 중 처음의 두 가지는 애플의 장래에 대한 신뢰를 회복시켰다.

스티브 잡스는 맥 월드 엑스포 기조 강연에서 "애플은 지금까지 힘든 경영으로 만신창이가 됐지만 창조적 작업을 하는 전문가들과 교육 시장에서는 여전히 우위를 지키고 있으며 일반 소비자들에게도 사랑받고 있습니다. 애플에게 있어 가장 중요한 것은 '애플'이라는 브랜드와 '맥 OS', 이 두 가지입니다."라고 말했다. 또 '애플'이라는 브랜드는 코카콜라, 나이키, 디즈니와 어깨를 나란히 하는 브랜드로서 이 브랜드의 힘을 회복하기 위해 당장 행동을 개시하겠다는 약속도 했다. 이어서 애플의 상황을 개선할 만한 혁신적인 매킨토시 하드웨어 제품 개발이 이미 시작됐다고 밝혔다.

마이크로소프트와의 협력관계를 발표한 뒤 위성중계로 빌 게이츠의 거대한 얼굴이 스크린에 나타났다. 강연장에 있던 매킨토시의 열광적인 팬들은 빌 게이츠의 얼굴을 보자마자 인터넷 익스플로러가 매킨토시의 기본 브라우저가 된 것에 야유를 보냈다. 스티브 잡스는 사람들을 제지하며 이렇게 말했다.

"애플이 이기기 위해서 마이크로소프트가 지지 않으면 안 된다는 생각은 버려야 합니다. 그 대신 애플이 이기기 위해서라면 스스로가 정말 열심히 하지 않으면 안 된다는 사고방식을 확대할 필요가 있습니다."

스티브 잡스의 이 말은 후에 많은 사람들의 마음속에 깊이 새길 만한 명언으로 남는다.

스티브 잡스가 이끄는 애플의 미래지향적인 개혁이 본격적으로 시작된 것이다.

： 스티브 잡스의 비정한 결정

스티브 잡스는 맥 월드 엑스포에서 마이크로소프트와 중요한 협력관계를 맺는 한편, 호환기 제조사와의 결별을 선언했다.

애플은 스티브 잡스가 실권을 잡기 2년 전부터 윈도우의 시장점유 확대에 대항하기 위해 호환기 사업에 뛰어들었었다. 당시 호환기 시장은 일본의 파이오니아(Pioneer)와 미국의 모토로라(Motorola), 그리고 수십 개의 벤처기업이 맥 OS를 움직이는 맥 호환기를 만들어 판매하고 있었다.

처음 애플은 애플의 시장을 잠식하지 않는다는 조건 하에서 특징 있는 맥 호환기 제품을 만들 수 있는 기업만을 인정했다. 예를 들면 파이오니아는 음향 기능에 주력하고 있었고, 라디우스(Radius)는 비디오 편집을 특화한 매킨토시를 만들었다. 당시 급격히 성장하기 시작한 델(Dell) 등에 대항하기 위해 통신판매를 전문으로 하는 파워컴퓨팅(Powercomputing)이라는 호환기 제조사도 생겨났다.

호환기 사업을 시작하고 얼마 지나지 않아 자사 홀로 호환기를 제조하기에는 역부족이라고 판단한 애플은 조금씩 파트너를 늘려나갔다. 매킨토시의 CPU인 '파워PC'를 만드는 IBM과 모토로라에 서브라이선스 권한을 준 것이다. 이로써 호환기 제조사는 더 늘어나게 되었다.

그중에는 애플에 위협을 가하는 기업도 생겨났다. 특히, 파워컴퓨팅사는 항상 애플보다 먼저 고속 CPU를 장착한 저렴한 가격의 제품을 판매하는 전략을 진행해 애플보다 앞서 나갔다. 매킨토시 시장점유율을 확대하기 위해 시작한 호환기종 사업은 1997년부터는 시장 확대는커녕 오히려 매킨토시의 매출을 떨어뜨리는 애물단지로 변해갔다.

애플의 최고재무책임자(CFO)인 프레드 앤더슨(Fred Anderson)은 아직 길 아멜리오가 최고경영책임자였던 때에 "하이엔드 호환기가 한 대 팔릴 때마다 애플은 다른 호환기 제조사가 취하는 이익의 열 배를 손해입고 있다."라고 말했다. 이 사실을 받아들여 아멜리오도 호환기 사업 중단을 요구했다.

맥 월드 엑스포 직전(아멜리오가 해임되기 직전), 애플은 개발 중지한 코플랜드 기능을 다수 도입한 새로운 OS를 발매했다. 원래 이 기종의 명칭은 '맥 OS 7.7'이었으나 기능을 대폭 변경하면서 '맥 OS 8'로 이름을 바꿨다.

그 당시 호환기 제조사와의 라이선스 계약은 맥 OS 버전인 7.X만을 대상으로 했기 때문에 이름을 바꿔서 뒤통수를 치는 전략을 쓴 것이다. 아멜리오는 호환기 사업을 중지한 뒤 각각의 호환기 제조사와 타협점을 찾아 재계약을 할 작정이었다. 하지만 아멜리오를 대신해 실권을 잡은 스티브 잡스는 그렇게 호락호락하지 않았다.

스티브 잡스는 맥 월드 엑스포 3개월 전 개발자들을 위한 이벤트에서 호환기 제조사를 거머리라고 부르며 자신들의 의도대로 따르지 않는 그들을 비난했다. 그리고 라이선스 비용에 대해서도 1대당 50달러라는 일률적인 가격이 아니라, 컴퓨터의 판매대수와 가격에 따라 정해야 한다는 의견을 내비쳤다.

스티브 잡스와 호환기 제조사와의 대결은 맥 월드 엑스포 무대 뒤에서 본격적으로 시작됐다. 스티브 잡스가 말하는 대로 조건을 받아들이든지 아니면 라이선스를 포기하라며 스티브 잡스는 꽤 강경한 태도를 취했다. 스티브 잡스와 가장 격렬하게 다툰 사람은 파워컴퓨팅의 사장 겸 COO(최고집행책임자)인 조엘 코셔(Joel Kocher)였다.

코셔는 "애플이 플랫폼(Platform : 컴퓨터 시스템의 기반이 되는 하드웨어나 소프트웨어-역주)을 폐쇄적으로 관리한다면 이젠 끝이다."라고 스티브 잡스를 통렬하게 비난했다. 코셔는 스티브 잡스의 기조 강연이 있기 전날 긴급 기자회견을 열었다.

275MHz의 '파워PC 750(파워PC G3)'을 탑재한 데스크탑형 호환기종과 노트북형 호환기종을 발표한 뒤 기자들의 갈채가 쏟아지자 "박수는 치지 말아 주십시오. 저는 이 제품을 여러분 모두에게 제공할 자신이 없습니다. 애플이 아직 파워PC 750과 파워북(PowerBook)의 라이선스를 허락하지 않고 있기 때문입니

다.”라는 말로 애플을 비난했다.

노트북형 매킨토시 제품인 ‘파워북’은 애플의 효자상품으로서 애플로서는 이 시장을 그냥 멍하니 앉아 다른 기업에 내줄 수는 없는 일이었다. 또 파워PC 750도 매킨토시의 장래가 걸린 유망한 CPU였기 때문에 그에 관한 처리 또한 신중하지 않을 수 없었다.

코셔는 이 문제를 숨기지 않고 표면 위로 드러내 청중을 아군으로 만들려는 노력을 시도했다. 그의 생각대로 이 기자회견 내용은 바로 그날 매킨토시 전문 웹 뉴스 매체를 장식했다. 청중은 파워컴퓨팅을 동정했고, 8월 말경에는 호환기를 살리기 위한 서명운동 웹사이트까지 등장했다.

다음날부터 개최된 맥 월드 엑스포의 파워컴퓨팅 부스에는 ‘함께 인텔 엉덩이를 차버리자’, ‘우리들은 매킨토시를 위해 싸우는 것이다’라는 포스터가 붙었다. 모두 자신들은 애플의 아군이라는 입장을 강조하는 내용이었다.

하지만 스티브 잡스는 강경한 태도를 더욱 굳혔다. 파워컴퓨팅이 부스 방문객에게 한탄을 늘어놓는 사이, 스티브 잡스를 제외한 모든 애플의 중역들은 취재를 위해 방문한 기자들을 한 호텔 방에 모아놓고 엑스포에서 무슨 일이 일어나고 있는지를 수일에 걸쳐 설명했다.

첫날은 잘못된 보도가 많았던 스티브 잡스의 기조 강연에 대해 설명했다(기사 중에는 애플이 마이크로소프트의 자회사가 됐다는 보도도 있었다). 계속해서 호환기 문제에 관한 설명회를 열었다. 애플 측의 주장을 요약하면 대략 이렇다.

'라이선스 사업을 계속하고 싶다는 마음은 굴뚝같지만 호환기 사업은 애플을 중심으로 하는 생태계의 최상단에 구성돼 있다. 이 호환기 사업이 애플의 재정상황을 압박하고 체력을 약화시키면 애플의 모든 생태계도 약해진다. 애플 자체를 고사시켜버리는 조건으로는 절대 계약을 체결하지 않겠다.'

호환기 사업이 다음 국면으로 넘어가면 애플은 호환기 제조사에 OS 라이선스료밖에 징수할 수 없다─이는 당연히 애플에게 가장 중요한 문제고, 그렇기 때문에 하루빨리 호환기의 라이선스 문제를 바로잡을 필요가 있었다.

애플이 진행할 다음 단계는 공통 하드웨어 사양을 정해 호환기 제조사가 자유롭게 호환기를 만들 수 있게 하는 것이었다. 하지만 모토로라는 한 발만 내딛으면 파워PC 플랫폼(PowerPC Platform : 하나의 컴퓨터로 다중 체계를 운용할 수 있는 컴퓨터 하드웨어─역주)의 양산이 실현되고, 애플의 지지 유무에 관계없이 호환기 제조를 계속할 수 있을 것이라고 생각했다. 그러나 그 한 발을 내딛는 일이 좀처럼 쉽지 않을 것

같다는 사실을 깨달은 모토로라는 재빨리 호환기 사업에서 물러났다. 다른 많은 호환기 제조사도 마찬가지였다.

마지막까지 남은 것은 매킨토시 호환기 제조사로 창업해 규모를 키운 파워컴퓨팅뿐이었다. 코셔는 계약불이행으로 애플을 고소해야 한다고 이사회에 주장했지만, 이사회는 원만한 해결책을 원했다. 코셔는 이런 이사회의 반응에 가망이 없다고 생각하고 8월 19일에 사임한다. 많은 파워컴퓨팅 사원들이 그의 뒤를 이어 회사를 떠났다.

그 후 파워컴퓨팅은 애플의 비위를 맞추거나 거스르기를 반복했다. 파워컴퓨팅은 온라인 발주 시스템을 넥스트에서 만든 개발 환경인 웹오브젝트(WebObjects : 웹을 위한 응용 프로그램의 개발을 돕기 위한 솔루션-역쭈)를 기반으로 다시 제작했다. 그래도 애플이 강경한 태도를 무너뜨리지 않자 애플의 허락을 받지 않은 채 8월 말에 파워PC 750을 탑재한 호환기 '파워타워프로 G3(PowerTowerPro G3)'의 수주를 시작했다.

실제로 제품을 출하하면 애플이 라이선스 위반이라는 이유로 고소할 위험이 있었지만, 만약 그런 조치가 취해지면 파워컴퓨팅은 애플에 계약불이행으로 반소(反訴)할 작정이었다. 그들은 필사적이었다. 그럴 수밖에 없었던 게, 그해 1월까지 미국에서 가장 눈에 띄는 컴퓨터 제조사로서 성장해 인기를 몰아간 뒤 다음해 5월에는 주식을 공개할 예정이었기 때문이다. 텍사스 주 조지타운 시에 '파워타운'이라는 18만 평의 거대한 본사를 만들고 PC 호환기까지 사업을 확장하려 했던 것이다. 처음에는 모든 것이 순조롭게 진행되는 것처럼 보였다. 하지만 스티브 잡스에 의해 파워컴퓨팅은 모든 희망을 체념하기에 이른다.

1997년 9월 2일, 결국 모든 것이 끝났다.

애플은 파워컴퓨팅의 고객 데이터베이스, 맥 OS의 라이선스, 그리고 주요 직원들을 1억 달러 상당의 애플 주식으로 매수했다. 스티브 잡스는 "파워컴퓨팅은 매킨토시 시장의 다이렉트 마케팅(direct marketing)과 직판의 창시자로서 4억 달러 규모의 비즈니스를 만드는데 성공했다. 우리는 그 경험을 배울 수 있을 거라고 기대한다."라고 말했다.

얼마 전 웹오브젝트로 재탄생한 파워컴퓨팅의 직판 시스템은 이날부로 폐쇄됐다가 그 후 애플에서 다시 제작해 2개월 뒤 '애플 스토어(Apple Store)'라는 이름으로 다시 모습을 나타낸다.

파워컴퓨팅은 그 후에도 한동안 윈도우 호환기 사업을 계속할 작정이었지만 그해 12월, 부품 부족을 이유로 사업을 포기하고 세상의 뒤편으로 사라졌다.

: '스티브가 당하다'라는 말의 의미

스티브 잡스는 호환기 제조사와의 교섭을 지속하는 한편 애플 사내의 생태계도 변화시키기 시작했다.

그는 맥 월드 엑스포의 강연 후에도 얼마 동안 직함을 갖지 않았다. 하지만 그에 관계없이 애플의 유일한 리더로서 이사회의 인선과 제품의 개발 계획 등, 전략상 중요한 방침을 결정하는 한편, 맥 월드 엑스포가 열린 그 다음 주에는 스스로 세부적인 취업규칙까지 정했다.

엑스포 직후 스티브 잡스는 사원규정을 개선해 내부 메모를 통해 전 사원에게 보냈다. 이것으로 5년마다 주는 유급장기휴가제도도 없어지고, 사원 보너스는 애플 주식으로 지불됐다(열심히 일을 하면 주가도 오르고 많은 보너스도 받게 될 거라는 이유).

비행기로 이동할 때 10시간 이하의 경우에는 전 사원 이코노미 클래스로, 10시간 이상일 경우는 비즈니스 클래스로 한다는 규칙 등, 주변의 작은 비용부터 절약하는 계획을 세웠다. 그리고 모든 사옥을 금연구역으로 정해, 담배를 피우는 사원들은 애플 사옥에서 가장 가까운 레스토랑(애플 정문 옆에 있는)의 주방 뒤까지 가서 담배를 피우고 와야 했다. 애플의 지하주차장에서 담배를 피우던 한 사원은 스티브 잡스에게 발각돼 그 자리에서 사직

서를 제출했다는 소문까지 돌았다.

또한 스티브 잡스는 사내에 어떤 제품 개발 프로젝트가 있고, 어떤 인재가 있는지를 발로 뛰어 철저하게 조사했다. 사내에서 우연히 만난 사원에게 다가가 "당신은 무슨 일을 하고 있나요?"라고 물은 뒤 진행하고 있는 프로젝트 내용에 대해 듣는다. 그때 명확하게 대답하지 못한 사원은 그 자리에서 회사를 그만둘 각오를 해야 한다.

엘리베이터를 탄 뒤 스티브 잡스의 느닷없는 질문 공세에 엘리베이터를 내리기도 전에 회사를 그만둔 사원도 있다는 전설이 있다. 주위사람들은 스티브 잡스의 사무실이 있는 '빌딩1'에 근무하는 하급사원들에게 부디 엘리베이터를 이용하지 말 것을 충고할 정도다. 하지만 사원들이 스티브 잡스가 있는 빌딩에 오지 않는다하더라도 스티브 잡스는 항상 사내 어딘가를 돌아다니며 갑자기 방에 들어와 여러 일들을 참견하기 일쑤기 때문에 피할 도리가 없다. 갑자기 어떤 개발팀의 방에 들어와 제품의 버튼 배치에 대해 충고를 한 적도 있다고 한다.

이렇게 스티브 잡스는 사내의 제품 개발 프로젝트와 인재들 중 애플에 불필요하다고 생각하면 미련 없이 잘라냈다. 얼마 안 있어 사내에서는 사원이 회사를 그만두거나, 제품 개발 프로젝트가 중지되는 것을 두고 'being Steved (스티브 당하다-역주)'라고 하는 표현이 떠돌 정도였다.

이에 대해 스티브 잡스는 이렇게 말한다.

"우리들은 제품 계획을 재고해 70%는 버리고 유망한 30%만을 남겼다. 제품 개발팀은 활기에 넘치고 있다. 손에 닿을 듯한 목표가 생겼고 방향 전환으로 회사를 다시 일으켜 세우는 것도 쉬워졌다."

결국 스티브 잡스는 1997년 말까지 애플의 거의 모든 제품 개발을 중단했다. 그해 말 발표한 신제품인 '파워맥 G3(Power Mac G3)'를 새로운 출발점으로 삼아 새로운 CPU를 기본으로 한 매킨토시의 라인업 4기종을 구성하기로 결정한다.

⠿ Think Different

스티브 잡스는 맥 월드 엑스포에서의 공약대로 '애플' 브랜드를 부활시키기 위해 광고 캠페인 제작에 들어갔다. 그가 가장 먼저 의뢰한 곳은 매킨토시 탄생 당시의 광고인 '1984'를 제작 진행한 치아트 데이(Chiat/Day)의 크리에이티브 디렉터인 리 클로(Lee Clow)였다.

당시 애플과 매킨토시의 이미지는 땅에 추락해 있었다. 윈도우 95의 등장으로 매킨토시와 윈도우의 시장점유율은 어떻게 해볼 여지도 없을 만큼 큰 격차를 보였다.

매킨토시 본래의 매력은 사용하기 쉽다는 점이었다. 하지만 90년대 중반부터 윈도우와의 시장점유율 차이를 좁히기 위해 계속해서 기능을 추가한 결과, 애플만의 심플한 매력마저 사라지고 말았다. 이쯤 되자 일반인들이 생각하는 매킨토시의 이미지도 크게 바뀌었다. 이제까지는 '매킨토시 = 선진적 기술의 사용하기 쉬운 컴퓨터'라는 이미지였지만, 이제는 '일부 마니아만이 사용하는 뭔가 다른(=어려운 듯한) 컴퓨터'라는 이미지로 바뀐 것이다. 이 이미지를 말끔히 털어버리는 것이 스티브 잡스와 클로의 사명이었다.

애플은 지금껏 광고 대행을 맡았던 BBDO와의 관계를 갑작스레 정리하고 TBWA 치아트 데이와 계약한 뒤 이러한 사실을 언론을 통해 의도적으로 세상에 알렸다. 강연 후 어느 날, 스티브 잡스는 클로에게 전화를 걸었다. 전화를 받은 클로가 처음으로 들은 말은 "자, 조금 늦었지만 지금부터 시작이네!"였다.

1997년 9월 27일, 픽사의 첫 장편 애니메이션인 〈토이 스토리〉가 TV로 방영됐다. 스티브 잡스는 그 기회를 통해 애플의 새로운 광고를 공개하기로 결정했다. 제작기간은 겨우 17일이었다. 다행인 것은 이 광고의 제작이 완전한 무(無)에서 출발하는 것은 아니라는 사실이었다. 캐치 카피는 이미 정해져 있었다.

'Think different(다르게 생각하라)'

이는 맥 월드 보스턴 엑스포의 기조 강연 마지막 화면에 비친 말이다. 클로는 이 광고는 컴퓨터가 아닌 사람에게 초점을 맞춰야 한다고 생각했다. 하지만 누구에게 초점을 맞춰야 할지가 관건이었다. 처음에는 영화제작사인 미국 드림웍스의 스텝 등, 매킨토시를 이용하는 사람들을 기용하려고 했지만 아무래도 그 아이디어는 만족감을 안겨주지 못했다.

이 제안에는 스티브 잡스도 반대했다. 왜냐하면 드림웍스와 디즈니, 픽사는 서로 으르렁대는 사이였다. 픽사가 벌레를 주인공으로 한 장편 애니메이션 〈벅스 라이프〉를 제작하고 있다는 사실을 알면서도 드림웍스는 개미를 주인공으로 한 CG 애니메이션 〈개미〉를 제작했기 때문이다.

시시각각으로 다가오는 마감일에 쫓기던 어느 날, 'Think different'라는 글자가 간디(Mohandas Karamchand Gandhi)와 아인슈타인(Albert Einstein)의 사진 옆에 종종 적혀 있던 것을 기억한 클로는 "이거다!"라고 소리친다. "그래, 세상의 틀에 얽매이지 않는 사람들, 20세기의 세계, 문화를 만든 사람들을 기리는 광고로 만들자!"는 것이 클로의 생각이었다.

이 제안에 스티브 잡스는 크게 만족했다. 유명인들의 사진을 모아놓고 스티브 잡스는 자신의 인맥을 활용해 오노 요코를 시작으로 위인들의 친족과 유족에게 직접 연락을 취했다. 그 덕에 유명인의 유족과 초상권 관리자로부터 위인과 관련한 사진과 영상을 제공받았다. 그중에는 마리아 칼라스(Maria Callas)의 유족에게서 받은 홈 비디오도 있었다고 한다.

치아트 데이는 이 영상들을 자연스럽게 연결하고 그 위에 애플 직원들이 만든 한편의 시, 'Here's to the crazy ones'를 흘려보냈다. 성우로 활약한 사람은 영화 〈청춘 낙서(American Graffiti, 1973)〉와 〈홀랜드 오퍼스(Mr. Holland's Opus, 1996)〉에서 주연을 맡았던 배우 리처드 드레이퍼스(Richard Dreyfuss)였다.

TV 광고에서는 한 문장으로 압축해 사용했지만, 직원들이 작성한 시는 이런 내용이었다.

미친 사람들에게 축배를 들자.
매개자, 반역자, 말썽장이, 네모난 구멍에 쑤셔 넣은 둥근 베
개 같은 사람들.

세상을 다른 눈으로 바라보는 사람들.

그들은 규칙을 싫어하고, 현재를 긍정하지 않는다.

맹세하는 것도, 반론하는 것도, 인용하는 것도,

믿지 않는 것도, 찬양하는 것도, 욕하는 것도 당신의 자유다.

단 하나 할 수 없는 것은 그들을 무시하는 것.

왜냐하면 그들은 모든 사물을 변화시키기 때문이다.

그들은 발명하고, 상상하고, 고민을 해결하고,

모험하고, 사물을 만들고, 사람들의 마음을 사로잡는다.

그들은 인류를 앞으로 이끌고 나간다.

그들은 분명 미친 사람들이다.

그렇지 않다면 어떻게 하얀 캔버스에서 작품을 발견할까.

혹은 정적 속에서 잠시 멈춰 서서 아직 완성하지도 않은 노래를 들을 수 있을까.

또는 벌건 혹성을 바라보며 자동차 연구소를 떠올릴 수 있을까.

우리들은 이런 사람들을 위해 도구를 만든다.

사람에 따라서는 그들을 미쳤다고 말할지도 모르지만, 우리들은 그들을 천재라고 생각한다.

진정으로 세계를 변화시킬 수 있다고 믿는 이런 사람들이야말로 세계를 변화시키기 때문이다.

실제 광고에서는 이 시의 짧은 버전인 '우리들은 이런 사람들을 위해 도구를 만든다'로 낭독돼 애플의 주체성을 느끼게 하는 부분이 생략됐다. 그 결과 '이미지 뿐, 잘 이해하기 힘든 광고'라는 비판도 있었다. 또 'Think different'는 잘못된 표현으로 'Think differently'가 바른 표현이라며 사소한 비판을 하는 보도도 많았다(전자가 문법적으로 바른 표현이라는 의견도 있다).

클로는 이 광고의 목적에 대해 이렇게 이야기 한다.

"여기에 등장하는 인물들이 애플의 제품을 사용했는지 아닌지는 모릅니다. 단지 우리는 창조라는 것을 축복하기로 했습니다. 이는 애플의 브랜드에 대해 말할 때 반드시 있어야 할 요소이기 때문입니다."

광고에 등장하는 것은 유명인의 사진과 영상뿐이고 그것이 누구인지에 관한 설명은 전혀 없다. 이 점에 대해 클로는 "저것이 무엇인지 혹은 누구인지에 대해 생각하게 하는 것은 시청자의 보다 깊은 관심을 불러일으킬 수 있습니다. 마치 퍼즐을 맞추는 것과 같은 이치지요."라고 말한다.

실제 광고가 방영되자마자 인터넷에서는 광고에 등장하는 인물이 누구인지 화제를 모았고, 그 등장인물이 매킨토시 사용자인지 아닌지는 아무도 관심이 없었다. 이 광고로 가장 큰 위로를 받은 사람들은 쓸쓸히 외길을 걸어온 매킨토시 사용자들이다. 한동안 패배자처럼 여겨진 매킨토시 사용자들은 이 광고를 통해 '다른 사람과 달라도 괜찮다', '다른 사람과 다르다는 것은 그 나름대로 가치가 있는 것이다'라고 위안을 삼으며 다시 한번 자신감을 찾았다.

50대 이상의 사람들은 그 광고에서 다룬 한 사람 한 사람의 인물들을 깊이 납득하며 큰 감명을 받았다고 한다. 그런 광고를 하는 회사는 애플밖에 없으며, 자신들의 목소리를 대변했다고 매우 기뻐했다.

광고가 방송되고 일주일이 지나자 여기저기 이를 패러디한 광고들이 속출했다. 인터넷에 자신이 만든 'Think different'의 광고를 올리는 사람이 있는가 하면, 애플 광고와 똑같이 만든 광고 몇 개가 슬며시 등장하기도 했다. 흑백사진을 사용한 광고가 늘어나면서 'Think~'라는 카피가 마구잡이로 사용되기 시작했고, 패러디도 늘어났다. 애플의 이 광고는 미국에서 훌륭한 광고에게 주는 '에피(Effie)상'을 시작으로 여러 개의 상을 수상했다.

치아트 데이는 TV 광고를 완성하자마자 대형 게시판 광고를 제작했다. 이렇게 만든 대형 게시판 광고는 세계 주요 도시의 가장 눈에 잘 띄는 곳에 설치됐다. 관광지 등에서 기념촬영이라도 할라치면 반드시 어딘가에 'Think different'의 대형 광고판이 있는 것을 확인할 수 있다.

1997년부터 2002년 여름까지 5년간, 뉴욕의 타임스퀘어 광장이나 소호, 파리의 루브르 미술관, 시부야 공원 통행로, 니시아자부의 교차로에는 이 'Think different'의 광고가 당당하게 자리했다. 애플을 좋아하든 싫어하든 상관없이 20세기의 오마주로서 이 광고에 호감을 갖는 사람은 많았다. 실제 루브르 미술관이 한 기업의 광고 게재를 허용한 것은 전대미문의 사건일 것이다.

'Think different' 광고에 출연한 유명인들도 무시할 수 없는 존재였지만, 이 광고 자체 또한 무시할 수 없을 정도로 유명해졌다. 이 광고의 예산은 만만치 않은 숫자였다. 하지만 스티브 잡스는 이 광고에 지원을 아끼지 않았다.

운 좋게도 광고에 나온 유명인의 가족이나 변호사(때로는 본인)들은 그렇게 많은 출연료를 요구하지 않았으며, 대부분은 소액(그래도 나름의 액수이긴 하겠지만)의 사례와 매킨토시의 증정만으로도 흔쾌히 출연을 승인했다고 한다.

'1984'가 매킨토시의 충격적인 데뷔를 장식한 광고라면, 'Think different'는 애플의 부활을 위한 힘찬 행진곡이었다.

： 새로운 판로의 개척

애플이 새로운 신호탄을 쏘아 올리며 광고를 진행한 후 곧바로 시작한 일은 매킨토시의 판매정책을 다시 점검하는 것이었다.

당시 컴퓨터 판매점에서는 매킨토시를 애물덩어리 쯤으로 취급했다. 대개가 가게 구석자리에 있는 선반에 초라하기 이를 데 없는 '매킨토시 코너'를 만들어 모든 소프트웨어를 진열했다. 매킨토시 본체는 단지 전시품일 뿐 이를 관리하는 사람은 아무도 없었다. 매킨토시의 조작법을 잘 모르는 점원만 있는 판매점에서는 "매킨토시를 사고 싶어요."라고 하는 손님에게 "윈도우가 훨씬 좋아요."라고 말하는 광경까지 목격할 수 있었다.

윈도우와의 시장점유율 경쟁에서 계속해서 지고 있던 애플은 대응책으로 매킨토시 판매점을 늘려 제품의 노출 수위를 높이는 데에 주력했다. 하지만 이 대응책은 매킨토시의 재고를 막대하게 늘려놓았으며 그 결과 애플의 재정을 압박하는 결과를 낳았다.

스티브 잡스는 판매정책의 방향을 전환하고 거래하던 도매업자를 축소했다. 이어서 매킨토시 판매는 '이렇게 해야 한다'는 지침을 내린 뒤 대형 소매업자 콤프USA(Comp USA)와 계약을 맺어 '점내 점포(Store in Store)' 정책을 펼친다.

대형 판매점의 한 모서리를 매킨토시 전용 코너로 만들어 소프트웨어를 진열하는 선반을 늘리고, 매킨토시 관련 주변기기만을 모아 한눈에 볼 수 있게 진열했다. 매킨토시 본체는 무엇보다 가장 돋보이게 전시하고 또 매킨토시에 정통한 직원을 적어도 한 사람 이상은 고용하게 했다. '점내 점포'는 다른 대형 소매점으로 점차 확산됐다.

또한 동시에 파워컴퓨팅을 매수할 때 양도받은 웹을 사용한 직판서비스 '애플 스토어'를 개장할 준비를 갖추었다. 좋은 제품을 만들어도 팔 방법이 없으면 성과를 올릴 수 없으며, 또 좋은 성과가 나오지 않으면 제품의 평가는 당연히 나빠진다. 애플은 새로운 제품의 판매전략을 펼치기에 앞서 확실하게 지반부터 다지는 작업을 시행한 것이다.

ː 아이맥 혁명

1997년 11월, 스티브 잡스의 지휘 아래 다시 한번 부활을 꿈꾼 애플의 첫 제품이 비로소 등장했다. 제품 발표 날, 애플의 홈페이지에는 세 가지 비밀스러운 아이콘이 떠올랐다. 쿠키 조각과 쇼핑 카트, 드라이버 모양의 이 세 가지 아이콘은 제품 발표의 핵심 내용이었다.

첫 번째 아이콘인 쿠키 조각은 컴퓨터의 두뇌인 CPU 칩을 말하는 것이었다. 이날 발표된 신제품은 '파워맥 G3'라는 고성능 데스크톱 컴퓨터였다. 이 제품의 두뇌는 '파워PC G3'로서 바로 많은 호환기 제조사가 엄청나게 탐을 냈던 '파워PC 750'이었다. 이 제품은 저렴한데다 소비전력 효율성도 뛰어나 놀라울 정도로 컴퓨터 성능을 향상시켰다.

두 번째 아이콘인 쇼핑 카트는 직판 서비스인 애플 스토어의 상징이다. 신제품 '파워맥 G3'는 정규 판매 대리점에서도 구입할 수 있고 애플 스토어에서 직접 주문할 수도 있게 한 것이다.

세 번째 아이콘인 드라이버는 애플 스토어가 아니면 받을 수 없는 서비스, 즉 주문생산(Build to Order)을 가리킨다. 본래 '파워맥 G3'의 구성은 모니터 옆에 세워놓도록 설계한 타워형 1기종, 모니터를 본체 위에 올려놓을 수 있도록 설계한 데스크톱형 2기종으로 겨우 세 종류에 불과했다. 하지만 애플 스토어에서 주문하면 CPU의 속도와 메모리 용량, 내재된 하드디스크 용량 등을 고객의 요구와 예산에 맞춰 세부적으로 선택할 수 있도록 한 것이다. 이로써 몇 천 가지 종류의 구성이 가능해졌다.

'파워맥 G3'는 보다 빠른 매킨토시를 원하는 전문가들에게 지지를 받아 그런대로 매출이 이어졌다. 하지만 애플의 판매전략이 들어맞아 활기를 띤 것은 그 다음해인 1998년 봄이다.

애플은 주주총회에 맞춰 제품 발표회를 개최하고 이때 새로운 노트북형 매킨토시를 발표한다. '파워PC G3'를 장착한 신형 노트북 '파워북 G3(PowerBook G3)'가 바로 그것이다. 하지만 스티브 잡스의 연설은 '파워북 G3'의 발표만으로 끝나지 않았다. 스티브 잡스는 또 다른 중요한 이슈를 준비했다. 그건 바로 '아이맥'의 발표였다.

사실 이 제품의 개발은 애플의 파워북 G3 개발자들조차 모르는 가운데 진행됐다. 당시 컴퓨터는 가격 경쟁이 심한 생활필수품 시장에 급속하게 편입되고 있었다. 이미 당시의 컴퓨터 CPU는 전자메일과 웹브라우저, 그리고 워드프로세서, 표계산 소프트웨어를 사용하기에 충분한 속도를 갖추고 있었다. 그렇기 때문에 모든 기업들은 1~2년 전 사양의 CPU를 평범한 케이스에 설치한 볼품없는 일반 소비자용 컴퓨터를 만들어 그것을 1,000달러 또는 그 이하로 판매하고 있었다.

아이맥은 바로 그 시장을 노린 컴퓨터였다. 하지만 발상은 완전히 달랐다.

스티브 잡스는 "오늘날의 가정용 컴퓨터는 1년 늦은 프로세서를 탑재한 추악한 제품들뿐이다."라고 잘라 말했다. 아이맥은 파위맥 G3를 장착한 최신 사양의 컴퓨터로서 간단한 3단계 조작으로 인터넷을 이용할 수 있는 컴퓨터인 동시에, 이제까지 발표한 제품 중에서 가장 아름다운 외관을 갖춘 컴퓨터였다. 이 디자인은 컴퓨터에 관심이 없던 사람들마저 아이맥에 흥미를 갖게 하는 역할을 톡톡히 해냈다. 게다가 1,299달러로 가격도 그리 비싸지 않았다.

스티브 잡스 스스로도 "아이맥의 뒷모습은 타사의 컴퓨터 앞면보다 훨씬 멋지다!"며, "마치 어느 다른 별에서 만들어진 컴퓨터 같다. 훌륭한 디자이너가 있는 어느 멋진 별 말이다."라고 말할 정도였다.

아이맥의 등장으로 컴퓨터 시장의 흐름은 완전히 바뀌었다. 아이맥이 플로피디스크 드라이브를 설치하지 않았다는 이유로 판매 부진을 예상하는 사람들도 있었지만, 일반 사용자들에게 그런 것은 아무 문제도 되지 않았다.

판매 개시 전부터 큰 주목을 모은 아이맥은 발매와 동시에 폭발적으로 팔려나갔다. 애플이 망할 거라고만 여겼던 사람들의 생각이 비로소 어긋나기 시작했다.

아이맥의 발표에 맞춰 애플은 이제까지 수십 종이었던 제품 라인을 네 종류로 축소한다고 발표했다. 프로용 데스크톱 제품

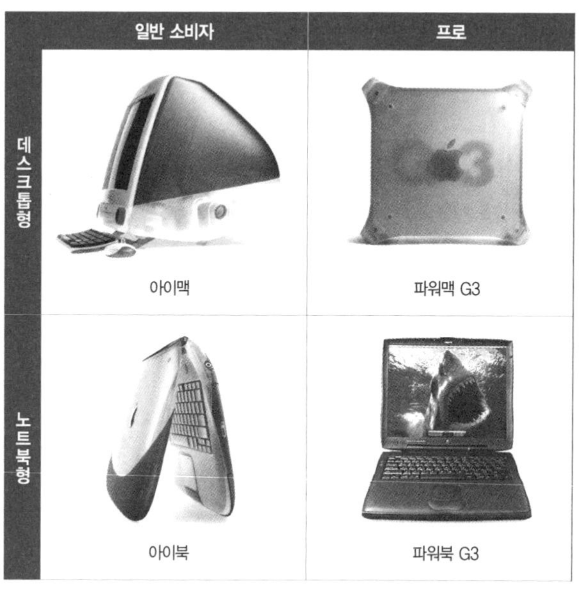

인 '파워맥', 프로용 노트북 제품인 '파워북', 그리고 일반 소비자용 데스크톱 제품인 '아이맥'과 1999년 등장한 일반 소비자용 노트북 기종인 '아이북(iBook)' 이렇게 네 가지였다. 이 네 가지 제품은 하나도 빠짐없이 모두 대히트를 기록했다.

: 컴퓨터를 변화시킨 아이맥

아이맥 이후 매킨토시의 디자인은 크게 변했다. 컴퓨터가 갖춰야 할 모습의 본질을 예리하게 파고들어 때로는 이제까지의 상식을 깨버리는 대담성을 발휘했다. 제품 라인을 간소화했기 때문에 4종 각각의 컴퓨터가 무엇을 추구해야 할지가 분명해진 것이다.

예를 들면 일반 가정에서 사용하는 아이맥은 싼 가격도 중요하지만 컴퓨터에 익숙하지 않은 초보자가 사용하는 제품이니만큼 성능도 뛰어나야 한다고 판단해서 오히려 최신식 CPU를 장착했다.

또 스티브 잡스는 일반 소비자용 컴퓨터는 반드시 방에서 방으로 이동이 편리한 일체형이어야 한다는 생각과, 집에 두어도 거추장스럽지 않도록 가능한 설치 면적을 최소화해야 한다는 생각을 동시에 가지고 있었다.

그래서 처음 출시할 때의 아이맥은 브라운관 형태를 갖춘 반원 형태에 바닥은 균형을 잡을 수 있는 최소한의 면적만을 허용했다. 당시 싼값에 팔리던 컴퓨터들은 비용을 낮추기 위해 일반적인 사각형 기판을 사용하는 것이 상식이었지만, 애플은 자신들만의 디자인을 실현하기 위해 아이맥 전용인 반원 형태의 기판을 만들었다.

아이맥은 지금껏 위태위태했던 애플의 이미지에서 벗어나 다시 새롭게 태어난다는 ‘상징’적인 제품으로 만들어야만 했다. 그래서 선택한 것이 이러한 큰 변화에 발맞춘 대담한 색상이었다.

이왕 애플의 혁신성과 기술력을 어필할 거라면 당시 애플의 디자인팀이 실험적으로 개발 중이던 소재의 반투명 폴리카보네이트 (poly-carbonate : 내열성·강도 등이 우수한 고성능 플라스틱-역주)를 사용해 여기에 색을 입히기로 결정한 것이다.

아이맥의 디자인은 헤드폰 커넥터의 위치와 화면 경사의 각도, 모든 포트(연결 커넥터)를 본체의 한 곳으로 모으는 등, 하나하나의 기능에 그만한 이유와 스토리를 담았다. 그리고는 합리적으로 설명할 수 없는 불필요한 요소들은 가차없이 삭제했다.

그 뒤로도 애플은 컴퓨터 각 기능의 논리적인 이유를 인간의 감정에 호소할 수 있도록 아름다운 디자인으로 승화시키는 작업을 밤낮없이 진행하고 있다.

디자인을 위한 이런 도전이 아이맥 제품에만 해당하는 것은 아니다. 이 사실을 증명하기 위해 다른 기종의 디자인에 대해서 간략하게 언급해보도록 하겠다.

예를 들어 프로용 데스크톱 기종인 파워맥 시리즈의 특징은, 사용자가 본체를 개폐해 안의 부품을 탈부착하는 경우가 많다는 사실에 착안했다는 점이다. 드라이버를 사용하지 않고도 레버를 당기면 탁 하고 열리는 획기적인 케이스를 개발한 것이다.

또 고성능 컴퓨터는 공기냉각팬(Fan) 소리가 시끄럽기 때문에

오히려 크게 디자인하
고 본체를 책상 아래에
두도록 했다. 대신에 책
상 밑에 있는 본체를 쉽
게 당겨 꺼낼 수 있도록
손잡이를 붙여 제작했
고, 컴퓨터 케이스를 열

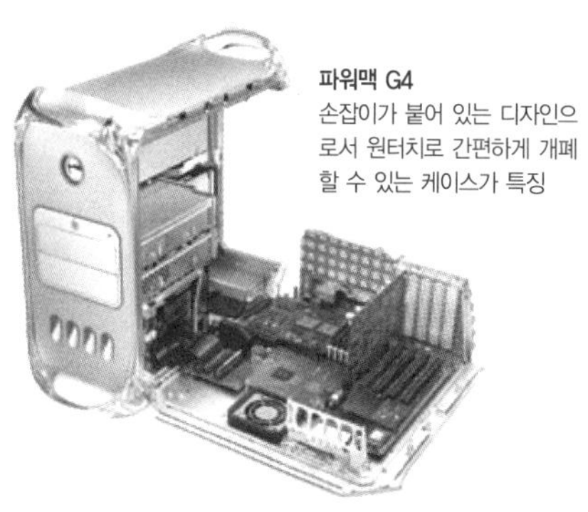

파워맥 G4
손잡이가 붙어 있는 디자인으
로서 원터치로 간편하게 개폐
할 수 있는 케이스가 특징

었을 때 지저분해 보이는 와이어의 배선들을 없앴다. 아마도 파워
맥 시리즈의 기판은 오늘날까지 출시된 모든 컴퓨터 중 가장 아름
다운 외관을 하고 있을 것이다.

애플은 이렇게 눈여겨보지 않을 것 같은 기판에까지 미를 추
구하는 노력을 기울였다.

프로용 노트북형 기종은 액정의 크기와 PC카드슬롯(PC card
slot : 초소형 휴대용 컴퓨터 주변기기를 연결할 수 있도록 하는 홈–역주)을 사용한 확장성과 타
이핑을 용이토록 하는 기술에 집중했으며, 아이북은 사랑스러운 디
자인과 간단하게 개폐할 수 있는 기구 그리고 튼튼함에 주력했다.

⋮ 아이맥, 컴퓨터 업계의 방향타

아이맥이 절대적인 인기를 얻자 애플은 컴퓨터업계의 선봉장이라는 중요한 역할을 맡게 된다.

처음 출시한 아이맥에는 디자인 이외에도 몇 가지 중요한 특징이 있다.

첫 번째는 플로피디스크 드라이브와 지금까지의 컴퓨터에 필수였던 커넥터를 없앤 것이다. 스티브 잡스는 플로피디스크의 생산량이 계속 감소한다는 사실을 알고 컴퓨터 사용자들이 더 이상 1.4MB 용량의 플로피디스크를 필요로 하지 않는다는 것을 재빨리 간파했다. 게다가 시대에 뒤처졌음에도 단지 연결 가능한 제품이 많다는 이유로 계속 사용해 온 수십 종류의 커넥터를 없애는 대신 인텔이 개발한 범용커넥터 USB 단 한 종류에 집약했다.

USB는 애초 PC에 설치하려 했었지만 이를 설치한 컴퓨터가 없기 때문에 주변기기를 만들 수 없었고, 주변기기가 없기 때문에 USB를 설치한 컴퓨터를 만들 수 없다는 악순환에 빠져 있었다. 하지만 아이맥이 이 설치함으로써 USB 주변기기의 수요는 급속히 늘어났다. 많은 주변기기 제조사는 아이맥 수요에 힘을 얻어 아이맥의 기판과 비슷한 반투명 플라스틱으로 제품을 만드는 현상까지 보였다. 이에 따라 PC에서도 USB를 사용하게 됐고, 애플은 묻혀 있던 USB 기술을 업계의 표준기술로 정착시키는데 중요한 역할을 한 셈이다.

계속해서 1999년에 등장한 아이북은 최종 사양이 정해지기 전에 이미 무선 LAN 기술을 도입해 가장 효과적인 사용법의 방향을 제시했다. 이러한 실적으로 아이맥에 도입한 기술은 컴퓨터업계의 표준기술이 될 거라는 기대를 드러내는 사람들이 늘어났다. 원래 애플이 공동개발한 주변기기 접속기술인 파이어와이어(IEEA 1394)를 통합 관리하는 모든 업계의 대표 역시 "아이맥에 장착할 수 있도록 애플과 교섭하고 있다. 그렇게만 되면 단숨에 표준기술로 정착할 수 있을 것이다."라고 말할 정도였다.

1999년, 파이어와이어를 장착한 아이맥이 실제로 출시되자 유사한 성능의 제품들이 일제히 발표됐다.

： 디지털허브를 향한 애플의 야심

순풍에 돛단 듯 보이는 애플에게도 큰 걱정은 있었다.

애플이 제품 계획을 중요하게 생각하고 하나하나 정성을 다해 만든다는 인식이 확장되면서 매킨토시 시장은 기대 이상으로 번성했다. 하지만 그럼에도 불구하고 컴퓨터는 윈도우 OS를 사용한 PC가 강세였다. 아이맥이 발표된 뒤 매킨토시로 갈아탄 고객도 많았지만 '매킨토시이기 때문에'라는 이유로 아이맥을 피하는 사람들도 꽤 있었다.

이러한 사람들은 아무리 정성을 다해 컴퓨터를 제작했다고 해도 애플에 관심조차 두지 않았다. 사용자의 기분과 손에 닿았을 때의 감촉까지 고려해 만든 컴퓨터였지만, 직접 사용하고 만져보지 않고서 이러한 세심한 배려를 어찌 느낄 수 있겠는가. 매킨토시 기존 사용자들의 재구매만으로 큰 성장을 꾀하는 것은 무리였다.

이뿐만 아니라 컴퓨터 자체의 쇠퇴도 큰 문제로 드러나기 시작했다. 아이맥의 신통력도 2000년 후반에 들어서면서부터는 서서히 약효가 떨어졌다. 사실 이때부터 대형 소매점에서의 인기 디지털 품목은 컴퓨터에서 차츰 디지털 카메라와 디지털 음악 재생기로 변화의 움직임을 보이기 시작했다.

미국의 신문, 잡지가 '컴퓨터의 시대는 끝났다. 이제부터는 디지털 가전제품의 시대다'라는 기사를 쓰기 시작하자, 컴퓨터업계의 많은 사람들은 이 말에 동조하며 판매의 중심축을 컴퓨터에서 디지털 가전제품으로 옮기겠다는 발언을 서슴없이 내뱉었다.

애플의 강점은 위기가 닥쳤을 때야말로 큰 활약을 한다는 것이다. 2001년 애플의 활약상에는 눈여겨봐야 할 교훈이 숨어 있다.

그해 애플은 향후 5년간 애플의 기본을 이루는 시스템을 구축하기에 이른다. 우선 매해 1월에 열리는 연례행사인 맥 월드 엑스포를 통해 놀랄 정도로 많은 발표를 한다.

제품 중 주목을 받은 것은 가벼움과 견고성, 그리고 촉감까지 고려해 가공이 어렵기로 소문난 티타늄(titanium)으로 케이스를 만든 '파워북 G4'였다. 하지만 무엇보다도 중요한 것은 '디지털 허브 구상' 발표였다. 스티브 잡스는 많은 사람들이 디지털 가전 제품 시대의 도래를 예언하고 있음을 언급하면서 "나는 컴퓨터가 죽었다고 생각하지 않는다."라고 단언했다.

스티브 잡스의 주장에 따르면, 컴퓨터는 아직 성장하는 중이고 단계를 거칠 때마다 그 역할도 변하고 있다는 것이다. 예를 들면 90년대 중반까지의 컴퓨터는 워드 프로세서와 표계산이라는, 그야말로 생산성을 높이기 위한 도구에 불과했다.

그러던 것이 90년대 후반 들어 인터넷이 붐을 이루면서부터는 전자메일과 웹을 위한 도구로 변모한다. 이렇듯 변화의 눈이 돼 온 컴퓨터가 또다시 새로운 역할로 탄생하기에 이르는데, 그것은 바로 '디지털허브'였다.

스티브 잡스 역시 디지털 카메라와 디지털 음악 재생기 시장이 확대되고 있다는 사실과, 이제부터는 이러한 기기들에 둘러

씨여 생활하는 '디지털 라이프스타일의 시대'가 될 것이라는 사실을 인정했다.

하지만 이러한 제품들은 모두 화면도 작고, 메모리 용량도 작고, 또 키보드도 설치돼 있지 않아서 사용이 불편하다는 공통점을 가지고 있었다.

바로 이런 점에 착안해 요구되는 것이 큰 화면과 대용량 메모리, 대용량 하드디스크 그리고 마우스와 키보드를 갖춘 컴퓨터였다. 컴퓨터를 사용하면 디지털 카메라와 음악 재생기에 날짜와 시간을 설정하거나 파일에 이름을 붙이는 작업들도 매우 간단해진다.

게다가 디지털 비디오카메라로 찍은 영상을 가공하고, 디지털 카메라로 촬영한 사진과 음악 CD의 곡을 합성해 영상작품을 만들거나, 그것을 DVD로 저장하고 다시 DVD 재생기로 즐기는 디지털 제품의 연결이 가능해지는 것이다.

다시 정리하면, 주변에 있는 많은 디지털기기를 컴퓨터를 사용해 더욱 편리하게 활용한다는 것이 '디지털허브 구상'의 골자였다.

이미 파이어와이어를 설치한 아이맥과 함께 아이무비(iMovie)라는 비디오 편집 소프트웨어를 발표한 애플은 계속해서 2001년 엑스포에서는 디지털허브의 소프트웨어로 음악 주크박스 소프트웨어인 아이튠즈와 DVD 제작 소프트웨어인 아이DVD를 발표했다.

앞서 말한 소프트웨어는 지금도 모두 판매되고 있지만, 당시 아이튠즈는 지금의 아이튠즈와는 조금 다르다. 우선 당시의 아이튠즈는 매킨토시 전용 소프트웨어로서 옛 매킨토시 OS로 구성돼 있다. 두 번째로, 당시는 아직 아이팟이 없었기 때문에 아이튠즈는 타사 제품의 음악 재생기와 공유하도록 만들어져 있었다. 모든 재생기에 사용할 수 있었던 것은 아니지만 수십 종류의 주요 제품에 사용이 가능했다. 날짜와 시각을 맞추거나 라디오 튜너 설정, 곡명 설정 등의 기능을 갖추었다.

2002년에는 디지털 카메라의 사진을 관리하는 아이포토(iPhoto)라는 소프트웨어를 발표했다. 이것도 여러 가지 디지털 카메라와 공유할 수 있는 소프트웨어로서 카메라를 접속하면 그 카메라의 모델명과 그림이 아이콘으로 표시됐다(현재 버전에서 이 기능은 생략돼 있다).

아이포토가 등장하기 전까지는 디지털 카메라를 사면 반드시 그에 따라 사진을 정리하는 각종 소프트웨어를 익혀야 했고, 실제 많은 사람들이 이 소프트웨어를 사용했다. 즉 다른 기업의 디지털 카메라를 사면 또다시 새로운 소프트웨어 조작법을 배워야만 했던 것이다(지금도 PC에서는 이러한 경향이 남아 있다). 하지만 매킨토시의 아이포토가 이러한 문제의 해결책을 제시하면서 아이포토 하나로 모든 디지털 카메라의 사진을 정리하고 관리할 수 있는 새로운 스타일을 정착시켰다.

다시 시간을 거슬러 올라가 2001년 10월(아이튠즈를 발표하고 겨우 9개월 후), 애플은 디지털허브 구상의 제2막을 연다. 아이팟를 발표한 것이다.

발표장에서 스티브 잡스는 "이제까지 발표한 아이튠즈와 아이무비 등, 우리의 소프트웨어는 수십 가지의 디지털기기에 맞춰 왔습니다. 이들 아이어플리케이션 (iApplication : 운영체제를 제한 나머지 응용 프로그램-역주)은 디지털기기를 굉장히 잘 알고 있고 최적화돼 있습니다. 하지만 디지털기기는 우리의 제품에 대해 잘 모르고 있고 또한 최적화돼 있지도 않습니다. 그다지 제품으로서의 매력도 없습니다. 우리들은 응용 프로그램을 잘 파악하고 있는 디지털기기를 만들면 어떨까 하는 흥미를 가졌습니다."라고 말한다.

아이팟은 실제로 그런 제품이었다. 그리고 이 아이팟의 등장은 애플의 큰 분기점이 됐고 애플은 이 제품을 시작으로 세계를 뒤흔들 정도의 존재로 급성장한다. 이 이야기는 다음 장에서도 다루고 있기 때문에 이 장에서는 2001년에 애플이 진행한 두 가

지 중대 발표인 매킨토시 OS X와 직영점사업에 대해 다루도록
하겠다.

디지털허브 구상 발표로부터 2개월 후, 애플은 새로운 OS인
'맥 OS X'를 발표한다.

스티브 잡스가 다시 실권을 쥐기 이전 경영자의 지휘 아래에
서 신세대 OS 개발이 좌절됐다는 것과 스티브 잡스가 세운 넥스
트를 매수한 것에 대해서는 이미 앞장에서 소개한 바 있다.

넥스트의 기술에 근거한 신세대 OS를 매킨토시용으로 바꿔
제작하는 데는 5년이라는 세월이 걸렸다. 애플은 사용자의 반응
을 보기 위해 2000년 가을, 맥 OS X의 공개베타버전을 배포하
고 매킨토시 마니아들의 의견을 구했다.

매킨토시 사용자들은 세부적인 곳까지 신경 쓰는 경우가 대부
분이어서 얼마든지 방대한 의견을 모을 수 있었다. 인터페이스
의 대담한 변경에 전면적으로 반대하는 사람도 많았지만, 애플
은 적극적으로 타협점을 찾았다.

드디어 2001년 1월, 티타늄 버전인 파워맥 G4와 디지털허브

구상을 발표했던 맥 월드 엑스포의 기조 강연에서 '맥 OS X' 공개베타버전을 통해 어떤 의견을 모았는지, 그 의견에 맞춰 애플이 맥 OS X 최종 사양을 어떻게 바꿨는지에 대해 소개했다.

최종 결정된 사양은 모든 사용자를 만족시킬 수는 없었지만 변화에 순응하는 사용자들은 충분히 흥미를 보였다.

2001년 3월 24일에 발표한 최초의 맥 OS X 버전 10.0은 일부 새로운 상품을 좋아하는 사람들로부터 대환영을 받은 반면, 신중한 사용자들로부터는 외면을 당했다. 첫 맥 OS X 버전 10.0은 DVD 재생 기능이 없는 등, 아직 매킨토시의 하드웨어 기능조차 충분히 살리고 있지 못했기 때문이다.

하지만 그 후 맥 OS X는 굉장히 진화 속도가 빠른 OS임을 명백하게 드러낸다.

반년 후인 9월 25일에 10.0의 문제점은 거의 해결됐고, 하드웨어 기능도 예전 매킨토시 OS에 지지 않을 정도의 성능을 지닌 맥 OS X 버전 10.1이 등장해 업데이트용으로 배포됐다. 이제까지 컴퓨터 세계에서의 OS는 업데이트를 할 때마다 동작 속도가 느려지는 것이 상식이었지만, 10.1은 역으로 성능이 향상되는 극적인 장점을 지니고 있었다.

그로부터 1년 후인 2002년 8월 24일에는 채팅 소프트웨어인 아이채트(iChat)와 메일 내용을 해석해 스팸 메일을 골라내는 애플메일(Apple Mail)의 새로운 버전, 손 글씨 문자인식기술 등, 예전 OS에 없던 신세대 기능을 추가한 맥 OS X 버전 10.2인 '재규어(Jaguar)'가 등장한다.

추가된 것 중 가장 중요한 기능은 컴퓨터에 내장된 비디오카드의 성능을 완벽하게 활성화하고, 지금까지 CPU에서 실행한 영상처리의 일부를 부하가 균등하도록 작업처리를 분산해 할당하게 하는 기능인 쿼츠 익스트림(Quartz Extreme : 그래픽카드를 이용해 크기 조정, 스크롤 등 그래픽 작업을 가속하는 것-역주)이라는 기술이다. 이 기술로 재규어는 이전 모델인 10.1보다 더욱 경쾌한 동작을 선보인다.

이 OS는 큰 인기를 모아 애플 역사상 가장 많이 팔린 소프트웨어가 됐다.(이후 맥 OS X는 새로운 버전이 나올 때마다 이 기록을 갱신하고 있다). 애플은 재규어의 릴리스 후 많은 매킨토시 사용자가 맥 OS X로 옮겨간다는 사실을 간파하고, 시판하고 있는 매킨토시의 표준 OS를 맥 OS X로 바꿨다.

게다가 1년 뒤 2003년 10월 24일에는 맥 OS X 버전 10.3인 '팬더(Panther)'를, 그 뒤 개발 속도를 조금 늦춰 2005년 4월에는 맥 OS X 버전 10.4인 '타이거(Tiger)'를, 2007년 10월에는 맥 OS X 버전 10.5인 '레오파드(Leopard)'를 발표한다. 그 이후에도 애플은 계속 버전을 올려 그때마다 수백 가지의 새로운 기능을 장착한 새로운 트렌드를 만들고 있다.

맥 OS X는 예전부터 매킨토시를 사용하던 사용자들은 조금 꺼려했지만, 반면 이제까지 없었던 새로운 사용자층을 확보하는 데 성공했다.

넥스트의 OS 기술에 근거한 맥 OS X는 유닉스(UNIX : 대형 기종에서만 작동하는 운영체제-역주)라고 불리는 OS를 기반으로 하고 있다. 이 유닉스는 많은 대학의 컴퓨터 관련학과의 필수 OS다. 게다가 오늘날에는 많은 사람들이 직장에서 마이크로소프트의 오피스를 사용하고 있다. 실은 유닉스 환경에서 마이크로소프트 오피스도 사용할 수 있다는 점이 대학관계자들의 마음에 들어 많은 교육기관에서 매킨토시를 사용하게 됐다. 일본에서도 동경 대학이 1,000대 이상의 아이맥을 도입해 시스템을 구축했고, 이에 영향을 받은 다른 대학들도 차례차례 이를 도입하고 있다.

같은 이유로 미국에서는 IT업종의 엔지니어들도 매킨토시를 사용하기 시작했다. 본래 네트워크를 통해 접속한 서버상에서 동작하는 유닉스는 컴퓨터 중에서도 가장 우아하고 아름답다는 애플의 노트북형 컴퓨터를 사용해 작동시킨다. 이는 실리콘밸리에서 하나의 사회적 신분을 알리는 요건으로 작용한다.

블로그 붐을 일으킨 식스어파트(SixApart)의 창업자도 매킨토시를 사용했고, 위키피디아(Wikipedia)를 만든 지미 웨일스(Jimmy Wales)도 매킨토시를 사용한다.

구글은 거의 모든 회의실에 노트북형 매킨토시용과 레노버(Lenova)의 싱크패드(ThinkPad)용 AC어댑터가 기본으로 설치돼 있다. 또 IT업계의 유명인사들이 노트북형 매킨토시로 작업을 하고 프레젠테이션을 하는 모습이 비춰지면서 매킨토시 사용자들은 더욱 늘어났다.

조작화면의 아름다움은 맥 OS X의 또 다른 특징이며 이러한 새로운 매력에 끌린 사람들은 아주 많다. 스티브 잡스가 "너무 아름다워 혀로 핥고 싶다."라고 묘사한 맥 OS X의 조작화면은 창 하나하나에 리얼한 영상이 붙어 있다. 화면 곳곳의 반투명한 영상은 아이콘이라는 가상의 아이템임에도 마치 그 아이템의 세계가 현실이 아닐까 착각할 정도로 독특한 세계관을 가지고 있다.

예술작품이나 웹페이지를 만드는 등의 창조적인 작업을 하는 사람들은 아름다움을 추구하는 애플의 이런 노력에 매료돼 매킨토시를 사용하게 된다. 맥 OS X는 매킨토시에 대한 이미지를 바꿈과 동시에 무한 가능성을 여는 계기를 만들었다.

애플의 큰 전환점이 된 또 한 가지 목표는 2001년에 새롭게 도전한 직영점 사업의 전개다.

애플은 이미 1997년에 웹을 사용한 직판사업을 시작했다. 그것에 이어 이번에는 매킨토시 전문판매점인 '애플 스토어'에 도전하기로 한 것이다.

이 도전 발표가 있기 바로 전, 미국 게이트웨이(Gateway)가 컴퓨터 제조사에 의한 직판사업은 돈을 벌 수 없다고 판단하고 미국 전역에 퍼져 있던 직영점을 정리하려던 때라 이에 영향을 받은 많은 매스컴과 분석가들은 애플 스토어의 실패를 예언했다.

하지만 5년 뒤 애플 스토어는 평당 매출에서도, 점포 확대의 속도 면에서도 고급 기성복 브랜드를 포함한 다른 업종의 직영점 중 매출순위 1위를 달성했고, 2007년 말에는 직영점 사업만으로 42억 달러의 매출을 올렸다.

애플 스토어는 처음에는 대도시권의 인기 있는 고급 쇼핑몰을 중심으로 오픈을 시작했다. 브랜드점이 줄지어 있는 중심에 컴퓨터 제조사 직영점이 섞여 있으면 쇼핑몰의 이미지가 떨어질 수 있다는 점을 감안해 애플 스토어는 화려한 패션브랜드점과 비교해도 손색없을 정도로 아름답게 매장을 장식했다.

목재 타일과 단풍나무로 만든 큰 테이블, 그리고 가게 가운데는 손님의 시야를 방해하지 않고 점포 전체의 내부를 볼 수 있도록 낮은 선반을 설치했다. 그 선반에는 인기 소프트웨어를 진열했고, 벽에는 사진이나 음악, 주변기기 등의 코너를 마련했다. 각 코너에 진열한 애플 제품은 점원의 방해 없이 얼마든지 만지거나 작동할 수 있으며 인터넷 접속 또한 자유롭게 이용할 수 있게 했다. 그러자 많은 사람들이 근처 맛있는 음식점의 정보를 찾거나, 메일을 체크할 목적으로 점포를 찾기도 했다.

애플 제품은 직접 접해보지 않고는 그 매력에 빠지기가 어렵기 때문에 애플 스토어의 개방전략은 매우 효과적이었다. 이곳에서 천천히 애플 제품을 사용해봄으로써 매킨토시를 몰랐던 사람들은 애플이 섬세함의 극치를 보이기 위해 얼마나 신경 써서 제품을 만들었는지를 피부로 느낄 수 있었다.

이미 매킨토시를 사용하고 있는 고객들은 점포 안을 가득 매운 소프트웨어 패키지를 보는 것만으로도 만족했다. 당시 윈도우와의 시장점유율 싸움에서 진 이후로 매킨토시 사용자가 자주 듣는 비난은 "매킨토시는 소프트웨어가 너무 없다."라는 말이었다. 하지만 이제 애플 스토어에서 선반 가득 매우고 있는 엄선된 고품질의 소프트웨어를 확인할 수 있게 됐다.

애플 스토어에는 이외에도 몇 가지 중요한 기능이 있는데, 첫째 영상을 관람하는 공간이 그것이다. 점포 한쪽에 스크린을 준비해 애플의 최신제품의 선전이나 매킨토시를 사용하는 유명인을 불러 이벤트를 개최했다. 또 하나는 '천재들의 바(Genius Bar)'라는 곳이다.

매킨토시 사용자 중에는 매킨토시를 사용하면서 곤란한 일을 당했을 때 주위에 도움을 구할 다른 매킨토시 사용자가 없다는 점에 불안감을 가지고 있었다. 그래서 애플은 사용자가 궁금해하는 어떤 질문에도 대답할 수 있는 '천재들의 바'라는 코너를 마련했다. 그 후 천재의 담당 역할을 확대해 윈도우의 데이터를 매킨토시로 옮기는 서비스를 제공하거나, 사용자에게 매킨토시 사용방법을 개인지도하는 서비스도 실시했다.

그 후 애플 스토어 자체는 더 큰 진화를 시작했다.

애플 스토어 직영점의 최초 목적은, 미국 전역에 50개의 점포를 열고 인구의 80%가 자동차로 20분 만에 애플 스토어에 올 수 있도록 한다는 것이었다. 애플은 뉴욕의 소호 지구에 제1호 점포를 오픈한다. 그리고 뒤이어 시카고, 로스앤젤레스, 팔로알토, 그리고 일본의 긴자, 신사이바시, 나고야, 영국의 리젠트 스트리트에 점포를 오픈했다.

이러한 점포는 인구 밀집 지역을 겨냥한 오픈이었다. 긴자점을 오픈했을 당시 일본의 많은 매스컴은 '컴퓨터 가게인데 아키하바라 쪽이 좋지 않을까', '애플 판매점치고는 땅값이 너무 비싼데 있는 거 아니야?'라는 쓸데없는 걱정을 했지만, 실제로 이 점포의 오픈은 대성공을 거두었고 지금도 그 점포들은 많은 사람들로 항상 북적거린다.

애플 스토어는 다른 브랜드숍과 비교해 거부감 없이 점포 안으로 들어갈 수 있다는 장점을 가지고 있었다. 그래서 애플이 어떤 회사인지도 모르고 매장으로 들어가는 사람들도 많았다.

드디어 아이팟이 등장하고 그에 따른 윈도우 버전이 등장하면서 애플 스토어는 매킨토시 사용자만의 성지가 아닌 번화가의 가장 화려하면서도 마음 편히 쉴 수 있는 공간으로 주목받기에 이른다. 미국 「와이어드(WIRED)」의 한 칼럼리스트는 많은 커플이 데이트를 하기 위한 만남의 장소로 애플 스토어를 선택하고 있다는 재미있는 취재결과를 기사로 쓰기도 했다.

애플이 이러한 결과를 당연한 것으로 받아들이는 이유는 그만큼 점포에 엄청난 투자를 하고 있기 때문이다. 애플 스토어에 설치된 인테리어는 모두 엄선된 것들뿐이다. 마루를 장식한 돌은 아주 유명한 석재 타일이고, 캐나다산 단풍나무를 사용한 테이블, 금속 지지대가 없는 독일제 유리 계단(오사카 신사이바시점의 나선계단은 계단 가격만 10억 원이라고 한다) 등이 그렇다.

긴자점의 영상 관람 공간에 준비돼 있는 편히 앉아 쉴 수 있는 의자는 미국 픽사의 시사회장에 놓인 것과 같은 것이다. 이렇게 공들인 다른 고급 브랜드 점포를 찾기란 좀처럼 쉽지 않다.

2001년 애플은 하드웨어를 심플한 디자인으로 변경하고 OS를 세대교체해 직영점 사업을 시작했으며 디지털허브 구상을 선포하고 아이팟을 발표했다. 이 모든 것들은 그 후 애플 진화의 기반으로서 중요한 역할을 담당한다.

그중에서도 가장 중요한 것은 바로 마지막으로 설명한 아이팟의 발표다. 이는 애플을 완전히 다른 회사로 탈바꿈시키며 회사 이름까지 바꾸게 하는 계기가 된다.

다음 장에서는 아이팟의 발표로 애플이 어떻게 변모했는지에 관한 흥미로운 이야기를 소개하도록 하겠다.

제 4 장

아이팟, 문화와 비즈니스의 공생

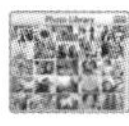

: 온 세계가 잊을 수 없는 2001년 가을

2001년 가을, 세계를 변화시킨 두 가지 대형 사건이 일어난다.

첫 번째 사건은 9월 11일 화요일, 미국 동부 해안지역에 위치한 뉴욕 무역센터 빌딩에서 벌어진 동시다발 테러사건이다. 이 사건은 국제정치에서부터 세계경제, 교통기관에 이르기까지 깊고 어두운 그림자를 전 세계에 무겁게 드리웠다.

두 번째 사건은 그로부터 6주 후인 10월 23일 화요일, 미국 서부 해안지역에 위치한 캘리포니아 주 쿠퍼티노 시의 애플 본사에서 열린 아이팟 발표회가 바로 그것이다.

이 사건은 세계 가전산업을 시작으로, 음악산업, 방송업계, 영화업계, 패션업계, 자동차산업에까지 밝은 빛과 같은 비전을 제

시했고, 애플이라는 회사에 대한 세간의 견해를 뿌리부터 변화
시켰다.

애플을 잘 알고 있는 저널리스트들은 90년대 중반부터 애플은
윈도우 컴퓨터를 만들어야 한다는 권장 기사를 써왔다. 윈도우
사용자 중에도 아이맥 등에서 볼 수 있는 훌륭한 디자인과 세부
적인 부분까지 신경 쓰는 철저함에 감동받을 사람들은 많을 것
이라는 게 그 이유였다.

윈도우 사용자가 현재 사용하고 있는 컴퓨터를 과감히 버리고
매킨토시로 바꿔준다면 좋겠지만, 이미 '맥 OS' VS '윈도우 OS'
의 전쟁은 윈도우 95의 등장으로 결말이 나버린 상태이기 때문
에 이제 와서 이 상황을 역전시킬 수는 없었다. 애플을 잘 아는
사람들은 "애써서 좋은 상품을 만들었는데 이해할 수 없다."라며
답답한 마음을 토로했다.

그런데 이런 상황들을 완전히 뒤집어버린 것이 바로 아이팟의
등장이었다. 훌륭한 디자인에, 단순한 기술자가 아닌 뼛속깊이
음악을 좋아하는 마니아가 심사숙고해 만든 아이팟이 세상에 발
표되자마자 사람들은 이내 매혹당하고 만다.

매킨토시 전용제품이었던 아이팟을 윈도우와 리눅스에서 사
용할 수 있게 하는 타사 제품이 등장하기 시작하자, 얼마 지나지

않아 애플 스스로 윈도우에 대응할 수 있는 정규제품을 개발해 시판하기에 이른다. 이 제품의 인기는 그야말로 하늘을 찌를 정도였다.

그 후 패션업계와 음악업계, TV업계, 영화업계와 연합해 아이팟 관련 제품을 생산하는 것은 하나의 큰 현상으로까지 발전했다.

이처럼 세기의 발명을 발표하는 대단한 자리임에도 불구하고, 이곳에 모인 기자는 겨우 100명 정도로 쓸쓸하기 그지없는 발표회였다. 취재를 위해 바다까지 건너온 일본 미디어 기자는 필자 혼자뿐이었으며, 미국의 동부해안 쪽 미디어 기자들도 비행기로 이동하는 것을 피하고 있었다.

그도 그럴 것이 당시는 폭탄테러의 영향으로 모든 게 위험에 노출된 상태였고 공항의 경비도 삼엄했기 때문에 자발적으로 나서서 비행기를 탈 사람은 없었다. 출판사 중에는 사원의 해외출장을 금지하는 곳까지 있었다.

그런 시기에 어떤 제품이 발표될지도 모르는 상태에서 일부러 바다까지 건너면서 소규모 발표회에 참석하기에는 너무 큰 위험이 따랐다.

이벤트 초대장에는 무엇을 발표할지에 대한 언급은 전혀 없이 단 한 마디가 적혀 있을 뿐이었다.

'힌트…… 매킨토시에 대한 발표는 아닙니다.'

애플 사내 강당에서 열린 이 발표회에서 스티브 잡스는 단상에 올라 먼저 9개월 전에 발표한 디지털허브 구상을 회고했다. 동영상 편집 소프트웨어인 아이무비와 주크박스 소프트웨어인 아이튠즈는 여러 제조사에서 판매하고 있는 각양각색의 비디오 카메라와 음악 재생기를 자동으로 인식하는 것은 물론, 그 기계들에 맞춰 설정기능 또한 자동적으로 바뀌었다.

스티브 잡스의 말을 빌리자면 이렇다.

"응용 프로그램(iApplication)은 디지털기기를 잘 알고 있어야 합니다. 하지만 대부분의 디지털기기는 응용 프로그램을 전혀 모르고 있습니다. 만약 이 시점에서 디지털기기가 응용 프로그램에 맞춘다면 어떻게 될까요."

당시 기존의 음악 재생기는 한결같이 볼품없는 모양새에 사용 또한 불편했다. 이 시점에 애플이 아이튠즈에 맞춘 음악 재생기를 만든다면 보다 더 훌륭한 디지털 라이프스타일이 시작될 것이라는 게 스티브 잡스의 제안이었다.

이렇게 해서 아이팟의 탄생이 처음으로 세상에 알려졌다.

∶ 아이팟의 등장

트럼프 카드 정도의 사이즈로 5GB의 하드디스크를 보유한 아이팟은 1,000곡의 음악을 저장해 가지고 다닐 수 있는 제품이다. 대부분의 사람들은 이 정도의 용량만 있으면 자신이 좋아하는 모든 음악을 저장해 다닐 수 있다.

이제까지의 음악 재생기는 용량이 작아 외출하기 전에 컴퓨터에 연결해서 듣고 싶은 곡을 한 곡 한 곡 선별해 전송해야 하는 번거로움을 감수하고 있었다. 하지만 아이팟은 그런 번거로움을 거치지 않고도 얼마든지 음악을 들을 수 있다.

아이튠즈의 화면은 3＋1단 구성으로, 3단 중 좌측 단에서 ‘(음악)장르’, ‘아티스트 이름’ 등 분류방법을 선택하면 중간 단에서는 ‘클래식’, ‘재즈’ 등과 같은 중분류 항목이 나타나고, 그중 하나를 선택하면 우측에 중분류 선택에 해당하는 앨범 이름이 표시된다. 다시 한번 앨범 중 하나를 클릭하면 화면 아래 ＋1단에 속하는 곳에 앨범에 들어 있는 곡이 모두 나타난다.

아이팟은 작은 화면에 이 모든 조작 기능을 재현했다. ‘장르’와 ‘아티스트’를 선택하면 화면이 좌측으로 미끄러져 넘어가고, 아이튠즈와 같이 중간 단계의 내용이 표시된다. 여기에서 항목을 선택하면 화면이 또 좌측으로 스크롤 돼 우측 단계, 즉 하위분

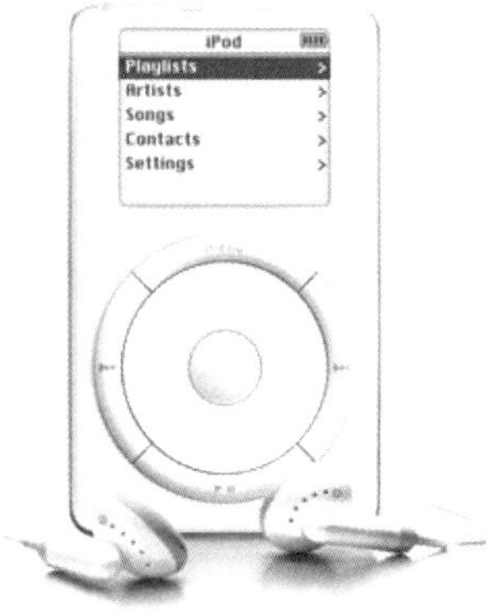

세상에 처음 선보인 아이팟
기능도 디자인도 축소할 수 있을 만큼 축소했다.

류의 내용이 나타난다. 다시 말해 아이튠즈를 조작할 줄 아는 사람이라면 얼마든지 사용이 가능하다는 애기다.

게다가 곡을 선택하는 조작에는 마우스를 변화시킨 스크롤 휠을 장착했다. 상하좌우로 버튼 기능을 수행하는 원반을 천천히 돌리면 하나의 항목이 튀어나오고, 빠르게 돌리면 속도에 비례해 수많은 항목이 튀듯이 표시된다. 이 기능을 통해 애플은 단지 1,000가지 곡을 가지고 다닐 수 있다는 장점뿐만 아니라, 그 수많은 곡 중 수시로 듣고 싶은 한 곡을 쉽게 선택할 수 있도록 하는 수단을 고심 끝에 완벽하게 재현했다.

그뿐만이 아니다. 1,000가지 곡을 저장하려면 그 나름의 데이터 전송시간이 소요된다. 이 문제를 해결하기 위해 애플은 많은

124

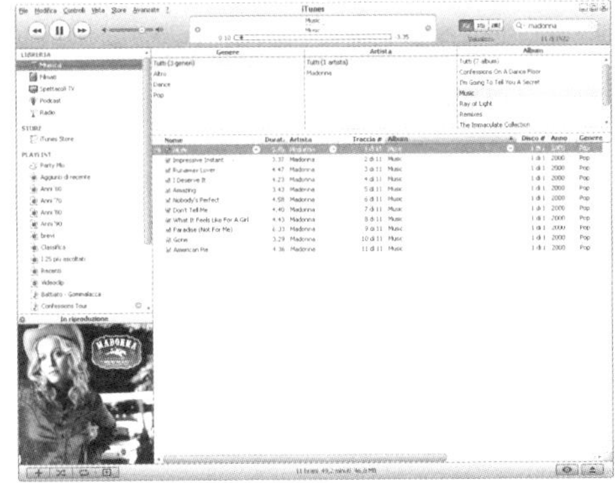

아이튠즈의 화면
3+1단 화면 구성으로 곡을 찾기 쉽다.

주변기기들이 사용하는 USB가 아닌, 자사가 개발한 고속전송기술인 파이어와이어를 도입해 한 장의 앨범을 10초도 안 되는 시간에 전송할 수 있게 했다.

게다가 이 파이어와이어는 데이터 전송뿐만 아니라 전력 공급 기능도 가지고 있는 케이블 규격이었다. 그렇기 때문에 파이어와이어를 기본 사양으로 설정하면 아이팟 본체의 충전도 문제가 없었고 거추장스러운 AC어댑터도 없앨 수 있었다(하지만 나중에 애플은 윈도우와의 호환 문제로 파이어와이어 기능을 버리고 그 대신 윈도우 컴퓨터가 보급하는 USB 2.0을 선택한다).

이외에도 애플은 전력에 관해 수없이 많은 궁리를 했다. 충전하지 않고도 계속 사용할 수 있도록, 예를 들어 장시간 비행할 경우에도 계속해서 음악을 즐길 수 있도록 10시간 재생이 가능한 배터리를 개발하는 것이 목표로 정해졌다. 하지만 애플은 아이팟 발표 직전이 돼서야 도저히 10시간 재생 배터리를 개발하기가 어렵다는 사실을 깨닫는다. 또 달리면서 아이팟을 작동하면 그 충격으로 하드디스크가 잠시 데이터를 읽지 못하게 되거나 디스크가 파손될 위험이 있다는 것도 알았다.

그러나 희망의 빛은 애플을 비껴가지 않았다. 이 두 가지 문제를 동시에 해결할 수 있는 방안을 찾은 것이다. 제1장에서도 말했듯이 아이팟은 하드디스크에서 직접 곡을 재생하는 것이 아니라, 2MB의 메모리에 다음 곡과 그 다음 곡의 데이터까지만 전송해 저장하고 하드디스크를 정지시킨 뒤 이 메모리에서 곡을 재생하는 것이다. 이 방법이라면 디스크의 파손도 막을 수 있고 디스크의 회전에 의한 배터리 소비도 절약함으로써 배터리 재생시간을 대폭 늘릴 수 있다.

이렇게 해서 아이팟은 배터리 수명과 음악이 튀는 두 가지 문제를 동시에 해결했다.

최초 아이팟은 매킨토시 전용제품으로 음악 재생 이외의 기능은 하나도 없었다(블록 깨기 게임이 있었을 뿐이다). 가격은 399달러이었다.

스티브 잡스의 말을 옮기면 다음과 같다.

"이미 다른 제조사에서 몇 가지 음악 재생기를 출시했지만 성공한 제품은 없습니다. 우리는 우리 자신이 음악을 좋아하고 음악 마니아가 원하는 게 무엇인지를 잘 알고 있습니다. 우리는 다른 제조사가 모르는 음악 재생기의 비법을 알고 있습니다. 우리는 이 시장에서 1등이 될 것입니다."

발표회장에 모인 기자들 중에는 아이팟이 너무 고가인데다가 매킨토시 전용제품이기 때문에 많이 팔릴 수 없다고 예측하는 사람들이 많았다. 하지만 그들의 예상에 보란 듯이 주먹을 날리기라도 하듯 아이팟은 반년도 지나지 않아 실제로 1등자리를 차지하고 만다.

: 해커의 기술도 받아들인다

'웹 2.0'이라는 단어를 만들어낸 오라일리 출판 창업자 팀 오라일리(Tim O'reilly)는 '알파 긱스(Alpha Geeks)'라는 또 하나의 신조어를 탄생시켰다.

'알파(Alpha)'라는 말은 무리 중 리더로서의 소질을 갖춘 것을 뜻하며, '긱스(Geeks)'는 일본어로 '오타쿠(オタク)'라고 표현

할 수 있다. 이는 특히 기술적인 면에 있어서의 오타쿠를 뜻한다. 즉 '알파 긱스'라는 말은 기술을 선도한다는 뜻으로서 오라일리의 정의에 의하면, "산업을 변화시키는 힘을 지니고 있으며, 새로운 기술에 신속하게 접근해 다양한 시도를 하며 기술이 나아가야 할 방향을 잡아주는 예민하면서도 싫증을 잘 내는 엔지니어"라고 한다.

아이팟은 이러한 '알파 긱스'들을 한순간에 포로로 만들었다. 매킨토시를 가지고 있지 않은 '알파 긱스'들 사이에서는 아이팟을 윈도우와 리눅스에서 활용할 수 있는 방법이 화제가 됐고, 나중에는 이 방법을 실행할 수 있는 제품까지 발매됐다.

이제까지 애플의 동향에 아무런 관심을 보이지 않던 윈도우 사용자들은 신상품을 좋아하는 매킨토시 사용자들이 소유한 깔끔한 음악 재생기에 그만 중독되고 만 것이다. 너무 갖고 싶은 나머지 그들은 애플의 음악 재생기 구조를 분석해 자신들을 위한 도구로 개조해버렸다.

아이팟에 흥미를 보인 것은 윈도우를 사용하는 알파 긱스뿐만이 아니다. 오랫동안 열성적으로 매킨토시를 사랑한 알파 긱스들은 아이팟으로 단순히 음악만을 즐기는 것이 아니라 주소록과 스케줄 관리 기능을 추가해 지니고 다닐 정도였다.

처음 발매된 아이팟에는 없는 기능이 많아서, 어떤 알파 긱스는 매킨토시의 곡명 표시 기능을 이용해 아이팟에 이 기능을 적용할 수 있도록 개발하기도 했다. 또 개인이 제작한 음성 프로그램을 불특정 다수에게 배포하는 형식인 팟캐스트를 개발한 알파 긱스도 있다.

애플은 이러한 주위의 움직임을 민감하게 감지하고 회사가 취할 수 있는 방법은 이런 변화를 받아들이는 것이라고 생각했다.

아이팟을 발매한 지 3개월 후인 2002년 2월, 애플은 10GB용 아이팟과 레이저를 이용한 이름 각인 서비스, 그리고 아이팟의 최초 소프트웨어 업데이트를 실시한다. 이 업데이트로 아이팟에 주소록과 이퀄라이저 기능(Equalizer : 음색을 변화시켜 꾸밈을 주는 효과. 음악 장르에 따라 미리 설정된 종류를 선택하거나 사용자의 취향에 따라 음을 부분적으로 조절해 듣는 것-역주)을 추가했다.

2002년 여름에는 달력 기능과 오디오북 재생 기능을 추가했으며 나중에 세 종류의 게임 기능을 더 추가한다. 그 후로 동영상 재생 기능을 추가하고, 발매한 지 채 1년도 되지 않아 윈도우와 호환할 수 있는 기능도 실현한다.

윈도우용 아이팟은 하드웨어는 매킨토시용과 똑같았지만, 아이튠즈 대신에 미국 뮤직매치(MusicMatch)사의 '쥬크박스(Juke box)'라는 소프트웨어를 무료로 끼워 판매했다.

스티브 잡스는 이를 두고 "여러 종류를 검토했지만 윈도우용 소프트웨어 중에서 가장 좋은 소프트웨어였다."라고 말한다.

윈도우용 아이팟은 발매와 동시에 큰 히트를 쳤다. 애플은 처음에는 매킨토시 사용자들을 의식해 '맥용과 윈도우용의 출하량은 50대 50'이라고 말하더니, 곧 '윈도우용이 조금 더 많이 팔리는 정도다'로 말을 바꿨다. 그리고 얼마 지나지 않아서는 아예 입을 다물었다.

애플은 2003년이 되자 바로 윈도우와 관련한 개발 경력자를 채용해 전속력으로 윈도우용 아이튠즈 개발에 착수한다.

: 아이팟이 만든 새로운 시장

2003년은 아이팟이 크게 변화를 꾀한 해였다. 애플은 동시다발적인 일처리를 선호했다.

아이팟을 바짝 추격하던 라이벌 제품과 아이팟은 2003년 들어 상상 이상의 격차를 보였다. 애플이 아이팟을 통해 얻은 이런 대약진을 간단하게 정리하면 세 가지로 나눌 수 있다.

첫 번째는 도크 커넥터(dock connector ^{: 컴퓨터 연결 시 사용하는 아이팟 하}

단의 긴 연결커넥터-역주)의 개발, 두 번째는 아이튠즈 뮤직 스토어(iTunes Music Store, 현재의 아이튠즈 스토어)의 시작, 그리고 세 번째는 윈도우용 아이튠즈의 발매다.

애플이 2002년에 발매한 아이팟은 폭발적인 판매고를 올렸지만 제품의 진가를 모두 발휘하지는 못했었다. 초기의 아이팟은 파이어와이어 케이블을 사용해 접속하는 사양이었다. 하지만 윈도우 컴퓨터에서는 이 파이어와이어를 사용하지 않고 대신에 USB를 사용했다. 그렇다고 해도 파이어와이어, USB 두 종류의 아이팟을 만드는 것은 애플의 제품 라인 단순화 정책에 위배되는 것이었다.

그래서 애플은 파이어와이어를 통해서든 USB를 통해서든 데이터를 전송할 수 있는 독자적인 커넥터를 개발했다. 이런 커넥터를 개발하면 스피커와 라디오, 녹음기기와 같은 갖가지 주변기기도 개발할 수 있다. 즉, 애플은 서드 파티 비즈니스(Third Party Business : 해당 분야에 호환되는 상품을 출시하거나 타 기업의 주된 기술을 이용한 파생상품 등을 생산하는 사업-역주)를 계획해 아이팟 주변기기에 의한 생태계를 만들려고 한 것이다.

이렇게 만들어진 것이 제3세대 아이팟이다. 이 개발로 애플의 계획은 대성공을 거둔다. 맥용 아이팟과 윈도우용 아이팟이 하나로 정리된 이상 "어느 쪽이 더 잘 팔리나요?"라는 기자들의 성가신 질문에 답할 필요가 없어졌다.

그뿐만 아니라 아이팟 커넥터에 연결해 사용하는 마이크, 라디오, 카오디오 키트, 리모컨, 게다가 아이팟 전용 스피커와 같은 제품을 차례로 개발했고, 그로 인해 '아이팟 이코노미(iPod Economy)'라는 단어까지 탄생시켰다. 앞서 제1장에서 설명한 대로, 이런 하이테크 주변기기에 아이팟 케이스 등의 비즈니스를 추가한 '아이팟 이코노미'는 2005년도에 7억 달러, 2006년도에는 15억 달러 규모까지 성장을 지속했다.

2004년 이후, 1년에 한 번 열리는 맥 월드 엑스포에서도 매킨토시 관련 전시보다 아이팟 관련 전시가 더 활성화 돼 '아이팟 엑스포' 라는 야유 섞인 반응도 있었다.

실제로 아이팟의 도크 커넥터에 연결하는 상품 개발은 그 후에도 계속 확대됐다. 그러한 상품은 애플 스토어와 대형 소매점에서 판매하는 주변기기와 액세서리 외에도 많았다. 아이팟과 호환이 가능한 자동차를 하나의 예로 들 수 있다. 해외에서는 이런 자동차가 급속하게 늘고 있고, 미국에서는 거의 모든 차종에 아이팟 호환 모델이 준비돼 있다. 대시보드 (운전에 필요한 각종 계기들이 달린 부분-역주) 에는 아이팟 접속용 케이블이 있고, 여기에 아이팟을 연결하면 핸들에 있는 버튼을 사용해 곡 전송과 음량 조절을 할 수 있다.

또한 아이팟 커넥터가 준비된 선박과 비행기 비즈니스 클래스, 호텔 방 등도 생겨나고 있다. 준비된 AV시스템 대신에 아이팟에 저장한 자신의 콘텐츠를 즐길 수 있는 것이다.

독특한 상품으로는 애플과 나이키가 공동개발한 '나이키＋'라는 제품이다. 나이키 신발 밑창에 500원짜리 동전 크기의 전자 만보기를 부착해서 그 만보기의 정보를 무선 수신한 다음 아이팟 나노에 기록해 사용자에게 알려주는 기능조합 상품으로서, 조깅의 데이터를 아이팟에 기록하고 인터넷에서 공유·관리할 수 있는 상품이다.

이와 같이 도크 커넥터의 활약으로 아이팟은 차례차례 그 활용범위를 확대했다.

보스의 사운드 도크(SoundDock)이라는 제품을 시작으로 확대된 아이팟 전용 스피커도 인기 제품 중 하나다. 아이팟의 도크 커넥터를 갖춘 이 스피커시스템은 헤드폰을 쓰지 않고도 거실에서 아이팟을 즐길 수 있다는 점에서 인기가 매우 높다. 그러자 애플에서도 '아이팟 하이파이(iPod HiFi)'라는 자사제품을 개발했을 정도다.

애플은 도크 커넥터를 사용하는 개발자에게 커넥터의 사양 정보를 공개하고, 애플에서 공인한 제품임을 표시하기 위해 'made for iPod'이라는 로고를 만들어 라이선스 계약을 진행했다. 이를 사용하는 서드 파티 기업들에게 애플은 정가의 10퍼센트 정도를 징수하고 있다.

: 아이팟에 찾아온 중대한 변화

2003년 아이팟에 일어난 두 번째 중대한 변화는 아이튠즈 뮤직 스토어의 탄생이다.

이제까지 아이튠즈의 음악은 사용자가 직접 음악 CD를 매킨토시에 저장했다. 그러나 이 방법에는 분명 문제가 있었다. 연주자가 녹음한 데이터는 먼저 음악 파일로 만들어야 CD에 정리할 수 있다. 아이튠즈에 음악을 저장한다는 것은 그렇게 만들어진 CD를 다시 데이터로 만드는 복잡한 방식이었다. 그런 작업을 하지 않고서도 인터넷을 통하면 얼마든지 데이터를 유통할 수 있다. 아이튠즈 뮤직 스토어는 바로 그런 서비스였다.

스티브 잡스는 인터넷을 통한 음악 유통이라는 새로운 서비스를 시작하는데 있어서 메이저급의 음악이 갖춰진 곳을 우선시했다.

아이튠즈 뮤직 스토어를 개발하기 전에 이미 여러 레코드사가 음원 판매 서비스에 도전했지만 누구도 성공하지 못했다. 한 곡당 가격이 비싼 데다가 사용하기도 어려웠고, 그 레코드사의 음악만 구매해야 하는 단점이 있었다.

예를 들어 특정 레코드사의 CD만 파는 레코드 가게가 있다고 하자. 그 누구도 CD를 사기 위해 일부러 그 가게에 가는 일은 없을 것이다. 대개의 사람들은 아무리 자신이 좋아하는 뮤지션이라고 해도 그의 곡이 어느 레코드사에서 제작되는지 등에는 별 관심이 없다.

하지만 음악을 판매하는 입장에서는 경쟁상품을 취급할 수도 없는 노릇이고, 또 인터넷에서의 유통이라고 해도 어느 정도의 이익을 확보하지 않으면 안 되기 때문에 그런 판매전략을 세울 수밖에 없었던 것이다.

그런 점에 착안해 애플이 목표한 것은 인터넷을 통해 사람들이 원하는 음악을 손쉽게 구입하는 것이다. 그러기 위해서는 인터넷에서 불법 유통되는 그 어떤 음악보다도 쉽고 빠르게 찾을 수 있어야 했다.

소비자들로부터 "복제 소프트웨어를 사용해 찝찝한 마음으로 위법을 감수하면서까지 질 낮은 음원 데이터를 손에 넣느니 차라리 저렴한 비용으로 당당하게 사서 듣자."라는 생각을 유도하는 서비스가 바로 아이튠즈 뮤직 스토어의 목표였다.

그러기 위해서 애플은 메이저급의 곡을 필요한 만큼 갖추었고, 한 곡당 이익을 거의 포기했다. 그 대신에 레코드사를 설득하는데 필요한 DRM(디지털 저작권관리 기술)을 확보하고, 아이튠즈 뮤직 스토어로 구입한 곡은 아이팟에서만 들을 수 있도록 했다.

이런 전략으로 아이팟이 더 많이 팔린다면 곡 판매에서는 크게 수익을 내지 않아도 된다고 생각한 것이다.

이익까지 포기하며 목숨을 건 전략으로 밀어붙이자, 곡에서 얻는 매출이 이익의 전부인 다른 서비스들이 아이튠즈 뮤직 스토어에 결코 가격으로 대항하지 못했다. 결국 아이튠즈 뮤직 스토어는 미국에서 폭발적인 성공을 거두었다.

애플은 각 레코드사를 설득해 아이튠즈 뮤직 스토어에 음원을 제공하도록 유도하는 동시에 음악업계로부터 공격을 받고 있던 '불법 복제'와의 전쟁을 대대적으로 선언했다. 하지만 이 선언이 순수한 이유에서만 시작된 것은 아니었다. 애플은 그 외에도 다른 두 가지 전술을 취하고 있었다.

우선은 유명 아티스트와의 직접 교섭이었다. 유명 아티스트와 직접 만나 아이튠즈 뮤직 스토어와 아이팟이 지향하는 목표를 설명하고 신뢰를 쌓았다. 미국에서는 뭐니뭐니 해도 뮤지션의 의견을 레코드사의 의견보다 존중하기 때문이다. 유명 아티스트라면 더더욱 그렇다. 레코드사가 아무리 반대해도 뮤지션이 애플의 제의에 동의하면 음원을 제공하지 않을 수 없다.

이 두 가지 중 어느 쪽의 수단도 통하지 않을 때 스티브 잡스는 최후의 비상수단을 사용한다. 그것은 바로 매킨토시의 낮은 시장점유율을 이용하는 방법이었다. 아이팟이 세간의 주목을 모으는 동안에도 매킨토시는 여전히 '윈도우가 아닌 소수를 위한 컴퓨터'라는 인식이 팽배했다. 또한 시장점유율도 5%정도밖에 되지 않았다. 그래서 스티브 잡스는 "만에 하나 실패한다고 해도 시장의 5%만 포기하면 된다."라고 레코드사를 설득했다.

유명한 레코드사의 음악을 갖추고 매킨토시용으로 아이튠즈 뮤직 스토어를 시작하자 하룻밤 만에 폭발적인 반응이 나타났다. 2003년 가을에는 윈도우용 아이튠즈의 발매와 동시에 윈도우에서도 서비스를 받을 수 있도록 했다.

이러한 교섭기술 또한 애플의 비밀스런 강점 중 하나라고 할 수 있다.

: '단순한 성공'으로 끝내지 않는다

애플은 그 후에도 반응을 살피며 한 발짝씩 착실하게 음원 사업을 궤도에 올려놓았다.

그들은 이미 다음 방도가 정해져 있어도 결코 연구개발을 늦추지 않았다. 또 발표한 서비스에 대해서는 '단순한 성공'으로 끝내지 않고 '대성공'이 될 때까지 갖가지 전술을 강구했다.

사용자를 확보하는 동안에는 다음 전술을 숨긴 채 소규모 개선으로 최대한의 사용자를 확보한 뒤 기회가 무르익고서야 다음 전술을 실시하는 것이다.

예를 들어 초기 아이팟은 기본적인 용량을 늘려가면서 새로운 수요를 창출했다. 처음에는 5GB이던 제품이 반년 후에는 두 배인 10GB가 되고, 2003년에 출시한 제3세대 아이팟은 30GB나 됐다.

하지만 애플은 대용량이라는 장점만으로 저가 가격대 제품에만 관심을 쏟는 어린 소비자 층을 확보할 수는 없다고 생각했다. 그래서 이제까지 아이팟이 도입한 1.8인치 하드디스크 대신에 1인치 하드디스크를 도입한 소형 아이팟인 '아이팟 미니'의 개발을 착수했다. 그리고는 그 작은 크기만이 가질 수 있는 귀여움을 부각시키기 위해 다채로운 색상의 제품라인을 준비하고 어린 소비자들의 마음을 사로잡았다.

특히 중요한 것은 여성층의 확보였다. 지금까지 아이팟은 다른 음악 재생기와 비교해 더 없이 화려했음에도 여성 고객층을 개척하지는 못했다. 아이팟 미니는 이런 흐름을 단숨에 뒤바꿔 놓았다.

그 후 애플은 아이팟 미니의 용량을 바꾸거나 색깔을 바꾸는 등, 긍정적인 반응을 이끌어가기 위해 노력했다. 아이팟 미니보다 더욱 저렴한 10만 원대의 제품 시장이 있다는 것을 알고 있었지만, 아이팟 미니만의 매력을 확산해 그 소비층까지도 모두 사로잡겠다는 것이 애플의 계획이었다.

하지만 부질없는 노력이라는 사실을 확인하자 애플은 즉각 10만 원대 시장을 위한 '아이팟 셔플'이라는 제품을 투입한다. 이 제품은 학생들을 중심으로 크게 히트했다.

이렇게 착실하게 하나하나의 제품을 히트상품으로 키워 나가면 부품 제조사 등과의 교섭 또한 유리하게 이끌 수 있다는 계산을 애플은 분명히 하고 있었다. 지금은 아이튠즈 뮤직 스토어에서 TV 프로그램과 영화의 판매나 대여도 하고 있지만 여기에도 애플의 독특한 전략이 숨어 있다.

애플은 사업을 확대하기 전에 보통의 기업들이 성공이라고 생각하는 수준보다 훨씬 더 높은 목표를 세우고 음원 판매 서비스 사업을 통해 공전의 '성공'을 이룬 다음, 다른 업계와의 협력 사업에서 자신들이 유리한 쪽으로 교섭을 진행했다.

아이튠즈 뮤직 스토어를 발표한 2003년, 애플은 1년 이내에 1억 개의 곡을 판매한다는 목표를 발표했다. 그리고는 펩시콜라와 제휴해 1억 곡 무료제공 캠페인 등을 열어 소비자로부터 서비스가 좋다는 반응을 얻어냈다.

2004년 7월에는 캠페인의 무료 증정곡을 빼고도 1억 곡을 판매했고, 5개월 후인 12월에는 2억 곡 판매를 달성했다.

아이튠즈 뮤직 스토어에서는 매주 한 곡을 무료로 선물하고 있는데, 요즘은 이 '금주의 곡'을 통해 유명해지는 아티스트까지 생겨나 음악업계에서 아이튠즈 뮤직 스토어의 영향력은 무시할 수 없는 존재가 됐다.

애플은 이렇게 쌓아올린 음악업계와의 깊은 관계를 활용해 마돈나를 비롯해 유명 아티스트들의 사인을 레이저로 각인한 특별 한정판 아이팟을 발매하기도 하고, 아일랜드 밴드인 U2와의 합작으로 '아이팟 U2 스페셜 에디션'을 시판하는 등, 독자적인 전개를 감행했다.

애플이 본격적으로 그 다음 전략을 행동으로 옮긴 것은 2005년이었다.

이 시기에 애플은 아이팟의 제품 라인을 개선하기에 이른다. 1월에는 10만 원대의 제품인 아이팟 셔플을 발매했고, 9월에는 플래시메모리와 액정을 설치한 저가 모델인 아이팟 나노를, 그리고 겨우 한 달 후 10월에는 동영상 재생이 가능한 제5세대 아이팟을 발표했다.

아이팟 셔플은 플래시메모리 제품으로 액정을 설치하지 않은 제품이었다. 다른 기업의 음악 재생기는 같은 가격대면서도 작게나마 액정을 장착하고 있었다. 그렇지 않으면 어느 곡을 재생하고 있는지 알 수가 없기 때문이다.

하지만 애플은 대다수의 젊은 고객들이 아이팟으로 셔플 재생을 하고 있다는 사실을 알고는 액정이 필요 없을지도 모른다고 생각했다.

아이튠즈의 소프트웨어는 기능이 출중했기 때문에 용량이 한정된 음악 재생기라 해도 자신이 듣고 싶은 곡(마음에 드는 곡과 구입한 곡)을 효율적으로 전송할 수 있다. 이렇게 전송한 곡을 셔플 재생함으로써 아이팟은 마치 자신의 취향에 꼭 맞는 곡만 들려

주는 라디오 방송국과도 같은 존재로 자리매김했다.

이렇게 음악을 즐기는 새로운 방식을 주창한 애플은 아이팟의 심플한 디자인과, 몸에 지니고 다니면서 언제든지 즐길 수 있다는 특징을 내세워 대히트를 기록한다.

아이팟 나노는 계속되는 아이팟의 제품 개발에 균형을 이룬 제품이다. 이 제품은 아이팟 셔플의 두 배 정도 가격으로 액정화면도 있고 사진도 볼 수 있다. 기존의 아이팟과 비교할 때 매우 작고 가볍다는 장점을 지닌 아이팟 나노는 특히 운동할 때 이용할 수 있는 최적의 상품이다.

실제 나이키의 '나이키+'도 아이팟 나노의 전용상품이다. 처음에는 두 가지 색으로 판매하던 것을 이후 다섯 가지 색상으로 늘려 보다 다채로운 선택을 제공한 아이팟 나노는 아이팟 미니가 이끌었던 패션 아이템으로서의 역할을 계승했다(아이팟 셔플도 후에 다양한 색상을 준비한다).

아이팟 셔플에 이어 아이팟 나노가 발표된 것도 큰 뉴스이긴 하지만 정작 애플은 그로부터 정확히 1개월 뒤에 제5세대 아이팟을 발표한다.

동영상 대응 아이팟을 발표하기까지는 인터넷상에서 오랫동안 많은 소문들이 떠돌았다. 하지만 스티브 잡스는 이에 대해 완강하게 부정했다. 휴대용 재생기로 영상을 본다는 것은 상상할 수도 없는 일이라는 것이 그 이유였다.

2004년에 발표했던 '아이팟 포토(iPod Photo)'(사진 표시 기능을 탑재하고 다양한 색을 표시할 수 있는 제품)의 사양을 고려하면 충분히 동영상 재생이 가능한 제품을 개발할 수 있었다. 그럼에도 불구하고 애플은 이 제품에서 사진처럼 정지화면만 표시하도록 했다. 대신에 TV에 연결해 동영상을 즐길 수 있도록 함으로써 이제까지의 아이팟 중에서 소비자의 거실 생활을 가장 의식한 제품이었다(가격이 비쌌기 때문에 많이 팔리지는 않았다).

충분한 준비를 거쳐 발표한 동영상 대응 아이팟은 지금까지의 아이팟과 비교하면 액정을 키우는 대신에 얇게 만들어서 보다 손쉽게 휴대할 수 있도록 배려했다.

애플은 동영상 재생 제품뿐만 아니라, 즉시 그에 따른 콘텐츠도 준비했다. 뮤직비디오가 그 첫 번째 콘텐츠였다. 아이팟과 같은 휴대용 단말기로 즐기기에는 길이가 짧은 뮤직비디오가 최적이라는 이유로 애플은 아이튠즈 뮤직 스토어에서 뮤직비디오 판매 의사를 밝혔다. 동시에 스티브 잡스가 경영하는 또 하나의 회사인 픽사에서 제작한 쇼트필름도 발매하겠다고 발표했다.

이 발표에는 또 다른 중요한 이슈가 숨어 있었다. 미국의 3대 네트워크 중 하나인 ABC가 인기 TV 프로그램을 방송 개시로부터 24시간 후에 아이튠즈 뮤직 스토어에서도 발매하기로 했다는 내용이었다. 그렇게 되기까지에는 방아쇠 역할을 한 사건이 있었다.

ABC는 사실 디즈니의 자회사다. 스티브 잡스는 그가 경영하는 픽사 애니메이션 스튜디오를 통해 디즈니사와도 관계가 깊었지만, 당시 디즈니의 경영자와 뜻이 맞지 않아 관계를 발전시키지는 않았다.

하지만 2005년 가을 그 경영자가 디즈니를 떠나고 후임으로 밥 아이거(Bob Iger)가 취임했다. 그는 스티브 잡스와 마음이 아주 잘 맞았다. 스티브 잡스는 다음 해인 2006년 1월에 디즈니가 픽사 애니메이션 스튜디오를 매수하는 것에 합의했다. 이전 경영자 때에도 디즈니의 픽사 매수 제안은 여러 번 있었다. 하지만 스티브 잡스는 이 제안을 완강하게 거절했다.

이 매수를 거쳐 픽사는 디즈니의 완전한 자회사가 되었지만 지금도 독립된 스튜디오로서 존속하고 있으며, 스티브 잡스는 디즈니의 대주주로서 임원 역할도 하고 있다.

영상까지 판매를 시작하게 되자 애플은 'Music'이라는 글자를 빼고 그냥 '아이튠즈 스토어(iTunes Store)'로 이름을 바꾸고는 콘텐츠 판매에서 대성공을 거둔다.

애플은 2007년 말까지 음원은 누계 4억 곡, TV 프로그램은 1억 2,500만 편의 판매실적을 올렸고, 2006년 9월부터 개시했던 영화 판매는 그 정도까지는 아니지만 그래도 15개월 동안 700만 편의 판매를 기록했다.

영화 판매를 활성화시키지 못한 이유는 영화업계가 음악업계 이상으로 경계심이 강해 좀처럼 배급사와의 계약이 체결되지 않아 준비된 영화 편수가 적었다는 점과 가격이 비싸다는 점, 그리고 영화 한 편의 용량이 너무 커서 하드디스크를 압박한다는 문제점 등이었다.

그러자 애플은 2008년 '아이튠즈 무비 렌털(iTunes Movie Rentals)'을 이용해 영화를 대여할 수 있는 서비스를 개시한다. 영화를 시청하기 시작해 24시간이 지나면 영화를 볼 수 없게 되는 시스템을 갖춰 영화사는 안심하고 영화를 제공할 수 있으며 큰 배급사의 작품을 모을 수 있었다.

∶ 애플의 다음 전략-영화 대여 사업

이 부분에서 주목해야 할 점은 '애플 TV'와의 제휴다.

애플은 2007년, TV에 연결해 아이튠즈 콘텐츠를 즐길 수 있는 애플 TV를 발표했다. 이는 거치형 아이팟으로서 네트워크를 뛰어 넘어 아이튠즈의 내용을 동시에 TV에서도 즐길 수 있게 한 것이다.

다소 실험적이었던 이 제품은 상업적으로 크게 성공하지는 못했지만 애플은 이 제품을 그냥 포기하지 않았다. 2007년 가을, 애플 사내에 긴급개발팀을 결성하고, 이들은 '애플 TV'를 다시 수정하는 '애플 TV Take2'라는 프로젝트를 실행한다.

새로운 애플 TV는 내장된 소프트웨어를 갱신함으로써 컴퓨터와 아이튠즈에 의존하지 않고도 스스로 아이튠즈 무비 렌털의 콘텐츠를 대여하거나 음악, 동영상 콘텐츠를 구입할 수 있으며, 사진 공유 사이트인 '플리커(Flickr)' 등도 볼 수 있도록 하는 등의 대폭적인 기능 강화를 계획했다.

특히 중요한 것은 아이튠즈 무비 렌털에서 고화질 동영상을 즐길 수 있게 했다는 점이다. 어떻게 하면 고화질 영화를 즐길 것인지 하는 것은 2005년 이후 AV업계의 최대 관심사였다. 고화질의 기술을 갖춘 디스크 규격은 소니 등이 중심이 돼 개발한 블루레이(Blueray)와 도시바 등이 중심이 돼 개발한 HD, DVD 두 가지가 있다. 두 곳 모두 할리우드 스튜디오와의 계약 경쟁으로 격전을 벌였다. 소니가 다른 AV기기 제조사의 지지를 얻으면 도

146

시바는 인텔 등 IT업계 기업과의 제휴를 계획하는 등, 일진일퇴의 상황을 지속했다.

그러나 2008년 초에 미국에서 가장 큰 스튜디오인 워너가 HD DVD와의 결별을 선언하자, 신문사들은 일제히 '블루레이의 승리'라는 타이틀로 1면을 장식했다. 이 교섭 뒤에는 소니가 워너에 거금을 쏟아 붓고 단숨에 승부를 결정지었다는 소문이 떠돌았다. 하지만 워너 또한 뒤로 애플의 아이튠즈 무비 렌털과 손을 잡고 있었다.

아이튠즈 무비 렌털은 디스크 없이 고화질의 동영상을 즐길 수 있는 세계를 만들어낸 서비스로서 블루레이, HD DVD와 라이벌격의 기술이다. 게다가 블루레이 진영에는 소니 픽쳐스(Sony Pictures)가 있었고, HD DVD 진영에는 파라마운트(Paramount)와 유니버셜(Universal)이 참여하고 있었다.

음악업계에서는 아이튠즈 뮤직 스토어의 탄생 전에 CD라는 디스크 규격이 일반적으로 보급됐지만, 영화업계에서는 기나긴 싸움으로 표준 디스크 포맷이 정해져 있지 않았다. 그런 상황에 갑자기 메이저급 스튜디오 영화를 모두 즐길 수 있는 아이튠즈 무비 렌탈 서비스가 등장한 것이다. 소니의 경영진은 애플의 만만치 않은 전략에 놀랐을 게 분명했다.

애플은 아이팟과 아이튠즈 스토어(구 아이튠즈 뮤직 스토어)로 음악업계와 TV업계, 영화업계에 엄청난 영향을 끼친데 이어 2007년에는 세계 휴대전화 시장까지 뒤흔들게 되는데, 그것이 바로 아이폰의 발표였다.

아이팟이 아무리 인기 제품이라고 해도 휴대전화의 판매대수를 넘어설 수는 없었다. 2006년 통계로는 거취형 게임기의 연간 출하대수가 2,600만 대, 디지털 카메라가 9,400만 대, 아이팟을 포함한 음악 재생기가 1억 3,500만 대, 컴퓨터가 2억 900만 대인데 비해 휴대전화의 출하량은 9억 5,700만 대로 숫자의 단위부터가 달랐다. 일본에서도 현재 거의 한 사람에 한 대씩 휴대전화를 보유하고 있을 정도니 짐작할 만하다.

휴대전화는 그만큼 사람들에게 익숙한 디지털기기로서 라이프스타일의 핵심이라고 할 수 있다. 지금부터 시작해 2010년대가 되면 디지털허브 구상의 중심이 컴퓨터에서 휴대전화로 바뀔 가능성도 충분하다.

컴퓨터의 판매대수를 훨씬 웃도는 거대한 휴대전화 시장에 도전장을 낸 애플의 각오는 대단했다. 애플은 창업 이래 사용해온 '애플 컴퓨터'라는 회사명을 '애플'로 교체하고, 컴퓨터 제조사라는 이미지를 벗어버리겠다고 선언했다.

아이폰의 발표 이벤트는 매킨토시 발표 때와 마찬가지로 잔뜩 힘이 들어가 있었다.

2007년 1월, 애플 웹사이트에는 '(창업이래) 지금까지 지내온 30년은 서막에 지나지 않는다. 어서 오세요, 2007년!'이라는 심오한 의미의 메시지가 내걸렸다.

스티브 잡스는 그해 1월에 개최한 맥 월드 엑스포의 기조 강연에서 애플 TV 등 일련의 신제품을 빠르게 소개하고, 약간의 뜸을 들인 다음 아이폰에 대한 이야기를 시작했다.

"오늘은 제가 2년 반 동안 학수고대해온 날입니다. 역사를 보면 때때로 '혁신적인 제품'이 나와 모든 상황을 변화시키기도 하지요. 이러한 제품은 그 개발 하나만으로도 엄청난 행운입니다. 그런데 애플은 그런 제품을 이미 몇 가지나 개발해 왔습니다."

스티브 잡스는 1984년에 처음으로 발표한 매킨토시와 2001년에 발표한 아이팟에 관해서 다시 언급했다.

"오늘 우리는 이 두 가지 제품과 어깨를 나란히 할 혁신적인 제품 세 가지를 발표할 것입니다. 그 하나는 와이드스크린을 갖추고 터치 조작이 가능한 아이팟입니다. 두 번째는 혁명적인 휴대전화입니다. 그리고 세 번째는 탁월한 인터넷 모바일 커뮤니

아이폰
이 한 대의 휴대전화에 세계는 경탄했다.

케이터입니다.”

강연장은 소리가 제대로 들리지 않을 정도로 열기와 흥분으로 가득 차 있었다. 이윽고 스티브 잡스는 각각의 제품에 대해 설명했다.

“이 제품의 이름은 아이폰입니다!”

훌륭한 디자인에 무엇보다 터치스크린 조작이 참신했던 이 제품은 이미 세계의 화제를 모았다. 맥 월드 엑스포와 같은 시기에 개최됐던 몇 배 더 큰 규모의 국제 가전쇼를 취재했던 기자들은 “진짜 중요한 발표는 맥 월드 엑스포에서 있었다.”라며 아쉬움의 목소리를 높였다.

휴대전화 등의 무선기기는 그 나라의 인허가를 받아야 하기

150

때문에 그 과정에서 정부기관에 제품 정보가 흘러들어갈 수 있다. 그 때문에 애플은 아직 프로토타입(proto type : 양산에 앞서 미리 제작하는 원형-역자) 단계일 때 미리 제품을 발표하고, 이후에 허가 과정을 거쳐 6월말에 정식으로 판매를 단행했다.

그때까지 미국의 신문과 TV, 잡지는 계속해서 아이폰을 화제에 올렸다. TV 뉴스나 드라마, 코미디 프로그램에서도 종종 아이폰이라는 단어가 들려왔다. 정식 판매 전에 아이폰에 관한 기사를 실은 뉴스 사이트 'wirelessinfo.com'은 그 기사로 인해 접속수가 24배나 늘어날 정도였다.

1월에 아이폰이 발표된 뒤, 발매(6월 29일 금요일)까지의 시간을 기다리지 못하고 아이폰과 같은 웹브라우징 기능을 갖춘 스마트 폰(컴퓨터의 기능을 갖춘 휴대전화)이라는 타사제품을 구입하는 사람들이 급증했다.

6월 마지막 주 월요일부터 뉴욕 등의 대형 애플 스토어 앞에는 길게 줄을 선 사람들로 북새통을 이뤘다. 아이폰 판매 개시 뉴스가 미국 전역은 물론 아이폰을 사용할 수 없는 일본에까지 각종 미디어를 통해 보도됐다. 하나의 휴대전화 판매가 이렇게 큰 뉴스로까지 다뤄지는 경우는 흔치 않은 사건이었다. 이런 관심은 아이폰이 판매를 시작한 후에 더욱 확대됐다.

아이폰은 뛰어난 기능과 감각적인 면뿐만 아니라 사업성에서도 매우 참신한 제품이었다. 패키지를 구입한 다음 사용자가 직접 자택에서 아이튠즈를 사용해 번호설정을 한다는 점도 새로웠고, 애플과 독점계약을 맺은 전화회사 AT&T가 제조사인 애플에 상납금을 지불한다는 구조 또한 이제껏 들어본 적이 없는 일이었다.

일본뿐만 아니라 미국에서도 제조사가 전화회사에 단말기를 제공할 수 있도록 부탁하는 것이 당연한 절차였다. 하지만 아이폰은 이런 주종관계를 뒤바꿨다. 훌륭한 휴대전화인 아이폰의 제조사인 애플이 전화회사의 이미지를 좋게 해주는 것은 물론 고객들을 그 전화회사에 묶어둘 수 있다는 장점을 내세워 기존의 제조사와는 다른 유리한 조건으로 단말기를 파는 거래를 성사시켰다.

독점계약을 맺는 조건 중에는 고객에게 지불되는 기본요금의 일부를 애플에게 지불하도록 돼 있어서 아이폰의 기본요금은 다른 휴대전화에 비해 조금 비싼 편이다. 하지만 그런 반면 일본 외에는 아직 대중적이지 않은 패키지 정액제를 도입하는 등, 가격에 맞는 사용자의 편이성을 고려한 서비스도 제공하고 있으니 결코 손해는 아니다.

이러한 일련의 작업들이 드디어 성과를 나타내면서 아이폰은 발매 후 6개월 동안 미국에서만 400만 대를 판매하는 대히트 상품으로 자리했다. 지금도 미국의 휴대전화 제조사들은 아이폰을 교과서삼아 이 상품을 능가할 만한 제품을 만들기 위해 밤낮없이 연구를 지속하고 있다.

： 아이팟 2막이 열리다

아이폰의 발표에는 아이팟 이후 새롭게 도약을 시도하려는 애플의 분위기가 느껴졌다. 아이폰과 함께 아이팟도 변화를 시도했다. 아이팟 셔플과 나노는 다소 형태가 변한 것을 빼면 큰 변화는 없었다.

하지만 기존의 대용량 아이팟은 아이팟 클래식이라는 이름으로 교체했고, 이어 또 다른 하나의 제품을 추가했다. 아이폰에서 아이팟 기능을 뺀 인터넷 단말기 '아이팟 터치(iPod touch)'가 바로 그것이다.

아이폰에 아이팟 터치, 애플 TV와 다수의 신상품을 발표한 2007년에 들어서면서 이제까지 계속 오름세를 유지했던 미국에서의 아이팟 매출이 드디어 정체되기 시작했다. 애널리스트들은 이를 아이팟의 한계라고 받아들였고 이는 주가에도 큰 영향을 미쳤다. 하지만 애플의 중역들은 이에 대해 아이팟의 역할이 변하고 있는 것뿐이라고 반론했다. "아이팟 터치의 등장을 통해 아이팟은 새로운 무선통신의 플랫폼으로 진화하기 시작했다."라는 것이다.

실제로 미국에서는 아이폰과 아이팟 터치를 위한 재미있는 서비스들이 제공되고 있다. 스타벅스에 들어가면 가게 안에서 흘러나오는 음악의 정보가 아이폰과 아이팟 터치에 표시되고, 원하면 그 곡을 살 수도 있다.

애플이 스타벅스와 제휴를 맺어 제공하는 이런 서비스와 유사하게 일본에서도 독자적으로 아이팟 터치의 가능성에 희망을 걸고 서비스 제공을 시작한 회사가 있다. 브로드밴드(Broadband : 광대역. 전국적인 초고속 인터넷 보급-역주) 사업에 착수한 NTT의 자회사 NTT · BP에서는 아이팟 터치의 발매에 맞춰 동경 지하철 역 내에서 아이팟 터치를 대상으로 한 무선 LAN 서비스를 제공하기 시작한 것이다. 현재는 단순한 무선 LAN 서비스에 지나지 않지만 앞으로는 로컬 광고 등을 끼워 넣는 신규사업으로 전개될 가능성이 크다.

아이폰과 아이팟 터치를 중심으로 새로운 막을 연 애플은 새로운 디지털 라이프스타일과 새로운 비즈니스를 만들기 시작했다.

2007년 이후 애플은 주목할 만한 특징 하나를 드러낸다. 일찍이 애플의 주력상품이었던 매킨토시의 기세가 다시 진가를 발휘하기 시작한 것이다.

윈도우 95와의 OS 전쟁에서 패한 뒤 아이맥으로 일시적인 인기를 되찾았지만 초기의 기세를 되찾지는 못했다. 하지만 2006~7년 무렵, 컴퓨터 문화의 중심지인 실리콘밸리를 중심으로 매킨토시의 수요가 급속하게 증가했다. 거기에는 몇 가지 요인이 작용한다.

첫 번째는 웹의 보급이다. 2004~2005년경부터 이메일 체크와 문서 작성, 표 작성 등의 모든 작업이 웹서비스를 통해 가능해졌다. 마이크로소프트 오피스처럼 컴퓨터에 저장된 소프트웨어를 사용하지 않고도 거의 모든 작업이 OS의 여하에 관계없이 웹 브라우저 경유만으로 가능했다. 그로 인해 OS가 윈도우인지 매킨토시인지는 이제 별반 중요하지 않은 문제였다.

두 번째 요인은 OS다. 앞의 설명과 모순되는 이야기일 수도 있지만 IT업계의 엔지니어와 컴퓨터 전공 학생들에게 있어서 OS의 선택은 매우 중요하다. 제3장에서도 설명했듯이 그들이 필요로 하는 OS는 윈도우가 아닌 인터넷 서버 세계에서 주류를 이루던 유닉스 또는 리눅스였다.

　그런데 매킨토시의 새로운 OS인 '맥 OS X'가 바로 이 유닉스를 기반으로 하고 있었다. 대부분의 컴퓨터 사용자들이 필수적으로 사용하는 사무용 소프트웨어 마이크로소프트 오피스가 이 OS에서도 잘 가동하는 것 또한 인기의 버팀목이다.

　세 번째 요인은 사용할 때의 기분이다. 특히 2005년에 등장한 맥 OS X 버전 10.4인 '타이거'에 도입된 스포트라이트(Spotlight) 검색기능(사용자가 이메일, 이미지 파일, 문서, 일정 등 모든 종류의 정보를 간단하게 신속히 찾을 수 있게 해주는 검색 엔진-역주)과 대시보드(Dashboard)에 도입한 '위젯(Widget)' 기능(기상정보 또는 주식시세, 항공 스케줄 등 사용자가 자주 찾는 정보를 인터넷 창을 열 필요 없이 즉각적으로 얻을 수 있도록 한 기능-역주)이 큰 주목을 모았다. 얼마 후 마이크로소프트에서 같은 기능을 갖춘 윈도우 비스타(Windows Vista)를 선보여 여러 매체를 통해 비교해보았지만, 맥 OS X 만큼의 평판은 얻지 못했다.

　또한 맥 OS X에서 좋은 평판을 얻은 기능은 익스포즈(Expose) 기능이다(2003년부터 설치되고 있는 기능). 익스포즈는 화면에 서로 겹쳐진 채 열려 있는 창들을 버튼 하나로 겹치지 않고 한눈에 볼 수 있게 나열하는 표시 기능이다.

　네 번째는 마이크로소프트 비스타의 실패와 인텔 CPU의 설치

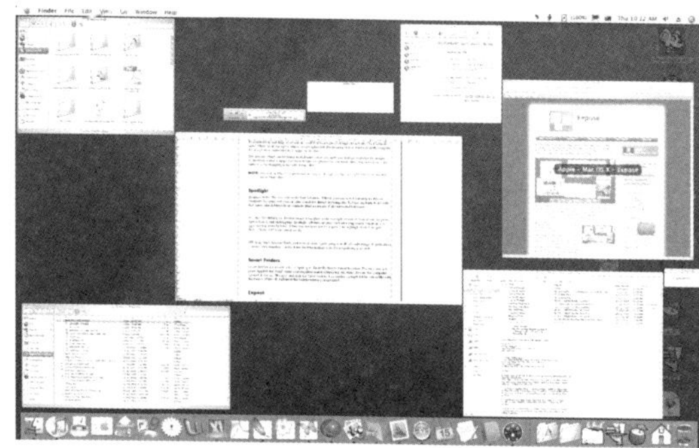

익스포즈
현재 열려 있는 창을 겹치지
않고 한 화면에 표시한다.

다. 2005년은 비스타의 판매가 보류돼 윈도우 사용자에게 있어
재미있는 화제 거리가 아무것도 없는 해였다. 그 타이밍에 맞춰
애플은 다른 제품으로 바꿔보려는 윈도우 사용자들을 노리고 신
제품 '맥 미니(Mac mini)'를 발표한다.

매킨토시는 전 제품이 구입 직후 바로 사용할 수 있다는 최대
의 특징을 가지고 있는 만큼 본체에는 반드시 키보드와 마우스
가 세트로 붙어 있는 게 당연했다. 하지만 맥 미니는 오히려 이들
을 없애고 윈도우용 키보드와 마우스, 디스플레이(컴퓨터 출력장
치의 하나)를 연결해 손쉽게 매킨토시 환경을 시험할 수 있도록
했다. 게다가 부속품을 없앤 만큼 가격도 저렴했다.

그러자 아이팟 등의 제품으로 애플에 흥미를 품었던 윈도우
사용자들이 서서히 맥 미니 쪽으로 손을 뻗기 시작했다. 게다가

2006년 애플은 매킨토시의 CPU를 PC와 같은 인텔 제품으로 교체했다. 이로써 매킨토시에서 윈도우를 가동하는 일이 가능해졌다. 매킨토시를 구입해 사용하다가 만에 하나 맥 OS X가 마음에 들지 않으면 윈도우를 깔고 사용하면 그만이다.

이런 발상은 매킨토시를 구입하는데 방해물로 작용했던 문제점들을 충분히 보완했다. 그리고 무엇보다 아이팟과 아이폰의 대성공은 많은 사람들로 하여금 애플 제품에 흥미를 갖도록 함으로써 매킨토시의 매출에 큰 공헌을 기여했다. 근래 들어 인터넷 관련 국제회의에 가보면 매킨토시 사용자가 인원의 반수를 넘는 것을 확인할 수 있는데, 이제 이런 현상은 그리 신기한 일이 아니다.

그런 가운데 애플은 매킨토시 본체와 OS에 새로운 시대적 감각을 느끼게 하는 커다란 변화의 씨앗을 심는다. 2007년에 배포한 새로운 OS인 맥 OS X 버전 10.5 '레오파드'는, 애플 소프트웨어 중 가장 인기 상품인 아이튠즈를 모방한 '커버 플로우'라는 표시 모드를 추가했다. 아이튠즈에서 원하는 앨범과 음악 파일을 찾는 것과 비슷한 방법으로 원하는 파일을 찾을 수 있게 함으로써 검색 기능 또한 대폭 강화했다.

맥 OS X는 아이팟과 아이튠즈의 장점인 친숙함과 단순함을 도

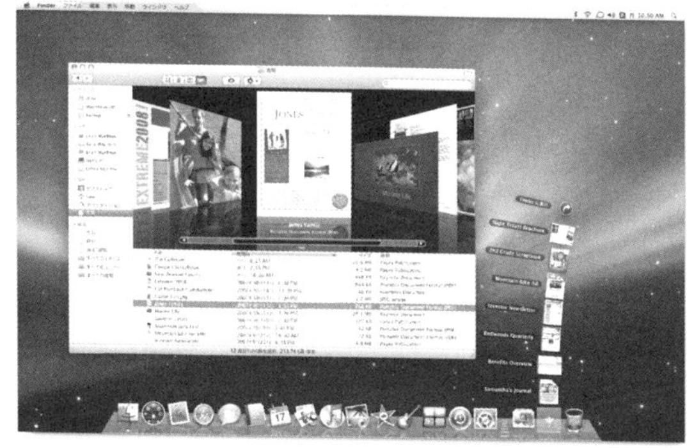

**'레오파드'의
커버 플로우 화면**
아이튠즈의 조작법을
OS에 적용하고 있다.

입해 차세대 컴퓨터로 자리잡기 위해 착실하게 진화의 단계를 밟았다. 또한 2007년 발표한 새로운 아이맥은 일반 소비자용 제품의 기본색이던 '흰색'을 버리고 검정색 컴퓨터로 다시 태어났다.

2008년 1월에 발표한 신제품 노트북형 '맥북 에어(MacBook Air)'는, 이제까지 애플의 모든 노트북 제품에 필수적으로 설치했던 CD와 DVD 읽기를 위한 광학식 드라이브를 없애고 경량화와 슬림화를 실현했다. 애플은 광학식 드라이브 없이도 사용자가 불편하지 않도록 하는 기술 개발도 함께 진행했다.

이처럼 다음 단계로 나아가기 위해서는 그에 걸림돌이 되는 여러 가지 문제들을 철저하게 해결하는 것이 애플의 방식이다.

맥북 에어에는 그 이외에도 아이폰과 같은 멀티 터치 기술(여러 개의 손가락을 사용해 화면을 터치한다. 두 개 이상의 터치를 감지한다)을 장착하는 등, 매킨토시를 이끌어갈 차기 제품이라고 할 만한 여러 혁신적인 기술을 도입했다.

이렇게 항상 미래를 향해 전진하는 방식 또한 애플만의 면모라고 할 수 있다.

다음 장에서는 애플의 사업방식에서 배워야 할 요점만을 뽑아 소개하도록 하겠다.

제 5 장

비즈니스의 트렌드가 된 애플의 성공법칙

: 상품에 숨어 있는 '세계관'을 고민하라

끊임없이 업계에 혁신을 일으키고 있는 애플, 그들의 성공을 통해 우리는 무엇을 배울 수 있을까. 이번에는 애플의 성공 비밀을 좀더 구체적으로 밝혀보도록 하겠다.

애플의 첫 번째 성공 요인은 기업전략이다. 그들의 근본은 최고의 제품을 만들기 위해 혼신을 다하는 장인정신에 있다. 따라서 일본 기업들도 배울 점이 많다.

제2~4장에서 알아본 바와 같이 애플의 역사는 몇 번이나 도약과 침체기를 반복하고 있는데, 그때마다 애플을 구한 것은 그 흐름을 바꾸는 매력적인 제품이었다. 소니가 80년대에 '워크맨'으로 세상의 흐름을 크게 바꾸었듯이 애플 역시 혁신적인 제품을 중심으로 스스로를 성장시켰다.

1998년, 아직도 바닥에서 헤매고 있던 애플의 이미지를 단번에 뒤바꾼 것은 다양한 컬러의 반투명 제품인 아이맥이었다. 그리고 윈도우 사용자의 관심을 끌지 못한다는 애플의 가장 큰 장애물을 단숨에 깨부순 것은 아이팟이었다.

또한 애플이라는 브랜드를 여성층에게까지 침투시킨 아이팟 미니의 역할도 빼놓을 수 없다. 거기다 보란 듯이 성장한 애플이 누구도 침범할 수 없는 자신들만의 영역을 확고하게 다질 수 있었던 것은 바로 아이폰 때문이었다.

애플의 기업전략은 단지 제품을 만드는 것에서 그치는 것이 아니라 주위까지 변화시키는 '사건 제조'로 발전한다. 처음 아이맥의 등장으로 울지도, 웃지도 못하던 USB 주변기기 시장은 부활을 시작했고, 초기의 USB기기는 아이맥에 영향을 입어 반투명의 다양한 색깔로 디자인돼 나왔다.

아이팟은 출시 이후 음악업계에 큰 변화를 몰고 왔다. 아이팟 미니가 등장하자 다른 기업들은 모두 다양한 디자인과 색깔의 음악 재생기 판매를 시작했고, 아이폰이 등장하자 터치스크린 휴대전화기가 쏟아져 나왔다.

이는 애플 제품이 다른 기업의 제품보다 월등해서라기보다는,

소비자가 단번에 알아차릴 만한 타당한 이유의 사상을 제품 이면에 갖추고 있기 때문이다.

초기의 매킨토시는 자전거처럼 인간의 활동범위를 넓히는 존재가 되는 것이 목표였다. 초기 아이맥은 '간단하게 연결하는 인터넷 시대의 컴퓨터'를 표방했고, 또 아이팟은 '주머니 속에 내가 좋아하는 모든 음악 라이브러리를 가지고 다닌다'는 콘셉트였다. 게다가 이러한 아이팟의 사상 이면에는 디지털허브에 대한 비전이 있었다.

이에 비해 다른 많은 기업들은 자신들의 꿈과 이상을 좇기보다는 시장조사와 그룹조사를 통해 제품을 만든다. 그들은 다른 회사의 제품보다 아주 조금 좋은 제품, 아주 조금 싼 제품, 아주 조금 추가된 기능의 신제품들을 틀로 찍듯 만들어낸다.

이렇게 만들어진 제품이 어떻게 애플처럼 다른 기업과 연합해 대규모 '사건'을 일으켜 발전을 꾀할 수 있겠는가. 그건 불가능한 일이다.

┊ 끝까지 자신의 생각대로 완성하라

애플은 제품 개발 계획을 자신들의 생각에 따라 진행한다. 다시 말해서 자신들이 만족할 정도의 완성도를 갖추면 신제품 발표를 실행하지만, 아직 원하는 수준에 도달하지 못하면 그 어떤 일이 있어도 발표를 미룬다.

애플이 신제품을 발표하는 장소는 매년 1월에 열리는 맥 월드 엑스포와 여름에 열리는 세계 개발자 회의가 일반적이다. 하지만 굳이 이 기회가 아니더라도 발표할 수 있을 만큼 완성도 높은 제품이 있다면 언제라도 돌발적인 이벤트를 통해 제품을 발표한다.

매년 애플이 어떤 제품을 발표할지, 그 뚜껑을 열기보기 전까지는 아무도 모르는 일이기 때문에 갑작스런 발표 이벤트에도 불구하고 세계 각지의 미디어들이 구름떼처럼 모여든다.

이에 반해 일본의 제조사들은 대규모 전시회와 같은 외적 요인의 일정에 맞춰 춘하모델, 추동모델로 나누어 1년에 두 번 정도 제품 발표 계획을 세우는 경우가 대부분이다.

예를 들면 휴대전화의 경우, 1년에 두 번 정도 전화회사가 주최하는 제품 발표회에 맞춰 여러 제품들을 일제히 발표한다. 이런 발표는 아무리 뉴스에서 소개해도 ‘One of Them’, 즉 ‘많은 것들 중 하나’일 뿐이어서 제품의 진면목이 눈에 띄지 않는다.

이런 싱거운 제품 발표로는 제품 제조 개발자가 ‘정말 위대한 일을 해냈다’고 해도 전화회사와 미디어가 이를 이슈화하기에는 뭔가 부족함이 있고, 이는 다음 제품 개발을 위한 동기부여마저 어렵게 만든다.

원래 전화회사는 대개 한두 가지 정도 '팔릴만한' 제품을 정해 그 상품에 모든 수단을 동원한다. 그 이외의 상품은 단지 들러리 역할에 지나지 않는다.

본래 상품을 제조하는 사람이라면 한 개의 상품이라도 자신이 납득할 때까지 토론하고 해결될 때까지 고민해서 보다 월등한 제품을 개발하고 싶을 것이다. 하지만 휴대전화 세계에서는 업계의 이벤트에 맞춰 신제품 발표 날짜가 정해지고 있고, 그날의 발표에서 무엇을 핵심으로 할지를 전화회사 측이 임의대로 정해버린다. 휴대폰 제조사들은 자신들이 원래 하고 싶은 것을 차분히 생각할 새도 없이 주어진 차기 제품의 요구를 해결하는데 급급하다. 이런 시스템이 지속되는 한 좋은 제품을 만들기는 어렵다.

하지만 애플은 이와 정반대의 방식을 사용한다. 애플 역시 열쇠가 되는 이벤트가 몇 가지 정해져 있긴 하지만, 그렇다고 그 이벤트에 쫓겨 무리하게 강제로 제품을 업그레이드하는 그런 무모한 방식은 택하지 않는다.

무엇보다도 먼저 제조사로서 중장기 전망을 갖고 그것을 실현하기 위해 기존 제품을 어떻게 업데이트할지, 또 어떤 신제품을 개발할지 등의 주제로 반복적인 토론을 실행한다. 토론 중에 어떤 제품 전략이 중요한지 방향이 잡히면, 그것에 필요한 기간을 정하고 개발팀은 그 목표를 향해 전력으로 돌진한다. 세계를 변화시키는 힘을 지닌 혁신적 기업인 '애플'의 이름에 끌려 세계 각국에서 모인 우수한 엔지니어들이 주말과 휴일마저 반납한 채 가족과 떨어져 밤샘작업을 불사한다.

예를 들어 처음 발표한 아이팟은 2001년 1월, 아이튠즈와 디지털허브 구상이 발표된 뒤 두 명의 사원이 자신들이 치고 들어가야 할 시장에 관한 검토를 진행하는 것으로부터 시작했다.

봄 들어 조사가 마무리 되고 제품 개발이 결정되자, 크리스마스 선물 판매 전쟁 전인 10월에 발표하는 것으로 결정을 내리고 그 날짜를 맞추기 위해 6개월 동안 제품을 만드는데 전력을 다했다.

물론 제품 제조를 본사에서 진행할 여유가 없었기 때문에 제품의 기본 설계만을 본사에서 진행하고 제조는 아시아 제조사에 맡겼다. 단, 제품의 완성도와 품질을 체크하기 위해서라면 몇 번이고 아시아 제조사로 발길을 옮겼다.

개발자 중에는 몇 주씩 잠을 못자는 경우도 있다고 하지만, 길게 시간을 끌며 붙들고 늘어지기보다는 완벽한 개발 관리 아래에서 단기간에 제품을 완성하는 것이 애플의 성공법칙이다.

과학기술 제품은 시간을 오래 끌면 끌수록 그 사이에 경쟁상품이 개발되고 판도가 변하는 위험이 따른다. 그렇기 때문에 애플은 전략적으로 큰 방향만 결정하면 그것을 구체적인 제품의 형태로 제작해 완성하기까지의 기간을 최대한 단축한다.

2008년, 거실에서 고화질 영화와 인터넷 사진을 즐기기 위한 장치로 재탄생한 '애플 TV take2'의 개발 계획은 제품 발표 일정인 맥 월드 엑스포 개최일까지 불과 4개월의 시간을 남겨둔 채 시작했다고 한다.

하지만 아무리 개발 기간이 짧다고 해도 결코 쉽게 타협하지 않으며 애플 제품의 이름에 누가 되지 않는 고품질의 제품을 만드는 것 또한 애플의 강점이다. 그러다보니 꽤 스트레스가 따르는 작업이 될 수밖에 없다.

이런 상황을 충분히 이해하고 있는 스티브 잡스는 빡빡한 일정으로 개발한 제품 발표회의 마지막 순서로 반드시 청중과 언론사 앞에서 개발자들의 노고를 치하하고 악수를 청하며 격려하는 것을 잊지 않는다. 그의 이러한 배려는 개발자들에게 새로운 동기를 부여하는 연결고리가 되기도 한다.

단기간이기는 하지만 그들은 '필사적'으로 일하고 그 보상으로 자신도 놀랄 만큼의 매력적인 제품을 완성해 경영자와 세계에서 모인 언론으로부터 가슴 뭉클한 갈채를 받는다. 이런 경험을 누릴 수 있는 회사는 그리 흔치 않다.

애플은 어디에 주력해야 할지 결정을 내리면 모든 자원을 그곳에 집중해 단숨에 성공으로 연결시킨다. 이러한 '선택과 집중'의 사고방식은 애플 전략의 근간이다.

1997년, 스티브 잡스가 애플의 실권을 잡고 처음 실행에 옮긴 행동 중 하나는 제품 라인업의 압축이었다. 당시 애플은 시장점유율 경쟁에서 지지 않기 위해 마구잡이로 제품을 생산하고 있었다. 고객에게 많은 것을 노출하면 할수록 매출도 증가할 거라는 단순한 생각으로 판매점을 늘린 것이다. 그리고 판매 채널마다 다른 모델을 준비하는 등의 전략을 도입함으로 인해 제품의 종류는 무려 80종 가까이나 늘어났다.

스티브 잡스와 중역진은 사용자의 욕구를 만족시킬 만한 컴퓨터의 종류를 최소화하면 과연 몇 종류가 될 것인가에 관한 논의를 거듭했다. 그 결과 네 종류의 컴퓨터만으로도 충분하다는 결론을 내렸다.

매킨토시 컴퓨터는 영상과 DTP 전문가에게 사랑받을 뿐 아니라 교육기관과 일반 가정에서도 애용하는 사람이 많았다. 전자를 위해 프로용 데스크톱 컴퓨터 한 종을 생산하고, 후자를 위해 일반 소비자용 노트북 컴퓨터 한 종을 개발하면 거의 모든 사용자의 욕구를 만족시킬 수 있을 거란 판단이었다. 더불어 압축한 4종의 제품에 회사의 자원을 집중시켜 철저한 관리를 통해 질 좋은 제품을 만들면 사용자의 만족도도 높아질 것이라고 생각했다.

그 후 애플의 하드웨어 개발팀과 디자인팀은 수년간 그 프로젝트에만 온전히 의식을 집중했다. 1997년 말, 간판으로 내세울 만한 제품이라고는 프로용 데스크톱 '파워 매킨토시 G3' 하나뿐이었지만 그래도 애플은 조바심 내지 않고 한 단계 한 단계 착실히 기반을 다졌다.

1998년, 드디어 프로용 노트북 형태인 '파워북 G3'의 신상품을 발표했다. 더불어 스티브 잡스의 비장의 프로젝트인 일반 소비자를 위한 데스크톱 '아이맥'도 함께 발표했다. 그리고 그로부터 1년 뒤, 소비자용 노트북 '아이북'을 발표한다.

애플의 중역들이 자주 사용하는 비즈니스 교훈 중 하나는 1912년에 개발한 포드 T형 자동차 이야기다. 헨리 포드는 이 차의 개발에 맞춰 생산한 소형차 모델 N, R, S와 고급차 모델 K의 생산을 중단하고 단 한 종, 즉 모델 T만을 대량생산하기로 결정한다.

또 1912년부터는 생산성을 높이기 위해 이제까지 세 가지 색으로 칠하던 자동차 바디를 건조가 빠른 검정색 한 가지로 통일시켰다. 고객의 취향을 무시한 처사가 아니냐는 기자의 질문에 포드는 "검정색 차를 좋아하는 고객의 취향만 따를 작정이다."라고 되받았다.

초창기 아이맥 역시 번다이 블루라는 푸른색 모델 하나뿐이었다. 애플의 제품담당자는 포드의 이 말을 인용함으로써 자신들의 생각을 대변했다. 아이맥은 대량생산으로 가격인하를 실현한 포드의 비밀 프로젝트와 흡사한 프로젝트로 성공을 거둔 것이다.

이렇게 기반을 다져나가는 것은 물론, 언제까지나 그 자리에 머무르지 않고 다음 단계로의 발전을 꾀하는 것 또한 애플만의 방식이다. 판매를 시작하고 수개월 후, 아이맥은 예약판매만으로도 세계적인 히트를 기록했고, 6개월 후에는 다섯 가지 색상의 상품을 선보여 또 한번 사회적 이슈를 만든다.

처음부터 다섯 가지 색상의 상품을 준비했다면 아이맥은 '다채로운 색상의 컴퓨터'라는 인식만으로 끝났을지 모른다. 하지만 우선 한 가지 색상만 출시함으로써 아이맥의 기술적 선진성과 인터넷에 바로 연결하는 컴퓨터라는 점, 디자인이 뛰어나다는 점 등을 미디어와 일반 소비자들에게 부각시켰다.

애플은 여기서 그치지 않고 더 많은 고객을 확보하기 위해 그 다음 전략을 내세웠다. '선택과 집중'을 통해 전략을 압축함으로써 이러한 장점도 얻게 된 것이다. 마찬가지로 아이팟도 처음엔 한 가지 모델뿐이었으며 아이폰 역시 이와 다르지 않았다.

제품에 대한 명쾌한 콘셉트와 메시지가 있으면 '세상에 선보일 수 있는' 이상적인 상품의 이미지가 그려진다. 그 이미지는 결코 대용량 모델 제품 000원, 염가 모델 제품 000원과 같은 제품 리스트가 아니라, '이거다!' 하는 구체적인 한 가지 기종의 모델로서 성능은 얼마, 용량은 얼마, 가격은 얼마라는 구체적인 형태로 나타난다.

그렇게 선명하게 드러난 한 가지 모델을 선택하고 철저하게 집중해서 높은 완성도를 지향하는 것이 바로 애플의 성공법칙이다.

：팀 구성원을 최소화하라

애플은 제품 전략을 세울 때뿐만 아니라 제품 개발에 있어서도 '선택과 집중'을 실천한다.

우선 개발팀 구성을 보자. 스티브 잡스와 부사장을 중심으로

한 최고 책임자가 7~8명, 제품 개발 프로젝트의 제품 개발 리더가 7~8명, 그리고 그 아래 세부적인 개발을 담당하는 7~8명의 팀이 몇 개 있다.

팀의 인원을 너무 많이 늘리면 그만큼 커뮤니케이션의 질이 떨어지고 서로의 합의를 끌어내기가 어렵다. 그렇기 때문에 개발팀이나 경영자팀 모두 가능한 균형 있고 훌륭한 자질을 갖춘 7~8명 정도의 인원으로 구성하는 경우가 많다.

상하 계층을 넘어 커뮤니케이션이 원활한 것도 애플의 특징 중 하나다. 실제 경영자인 스티브 잡스는 종종 엔지니어의 방을 엿보다가 "버튼 위치는 조금 더 우측이 좋겠다."라는 식의 의견을 던지기도 한다.

이와 같이 애플 사내에서는 임원과 직책, 부서를 구분하지 않는 자유로운 분위기의 회의가 가능하다. 이 회의를 통해 제품 개발에 대한 여러 의견이 나오는데, 이런 의견에 대해 '합격, 불합격'의 결정을 내리고 제품의 본질을 끝까지 정리하는 것이 리더인 스티브 잡스의 역할이다.

제1장에서 이야기했던 '1,000번의 NO'를 기억할 것이다. 자신의 의견에 'NO'라는 판단이 내려지는 것은 실패의 의미가 아니라 아직 미완성인 제품을 보다 이상적인 윤곽을 잡아 다시 한번 분명

하게 정리하라는 뜻으로서, 이는 결코 무시할 수 없는 단계다.

애플은 모든 상품을 보다 더 심플하게 디자인하는 것을 목표로 한다. 애플의 디자인을 담당하는 조나단 아이브(Jonathan Ive)는 아이맥 디자인에 관한 인터뷰에서 "가장 심플한 디자인은 딱 보면 '이거다'라고 바로 알 수 있지만, 그 경지까지 도달하기는 정말 어렵다."라고 말한 적이 있다. 이런 생각들이 곧 훌륭한 디자인의 제품을 만드는 애플만의 비밀일 것이다.

애플은 토론을 반복하고 쓸데없는 요소를 없애며 그 부분의 가장 모범이 되는 제품을 만드는데 모든 정력을 쏟는다. 그런데 그렇게까지 단순함(심플)에 집착할 필요가 있을까.

그 이유에 대해서는 이미 제1장에서 몇 가지 설명한 바 있다.

우선 모범적인 상품을 목표로 하면 그 분야의 대표적인 위치를 얻게 된다. 또 쓸데없는 기능을 추가하지 않고 최소한의 기능으로 제품을 구성하면 향후 제품을 발전시키는 방향도 유연하게 결정할 수 있다. 게다가 제품의 이미지도 훨씬 부각시키기 쉽다. 쓸데없는 일을 벌이지 않는다는 것은 그만큼 실패의 위험을 줄이는 방법이다.

이 기능을 추가하면 시장을 잠식하기 쉽다거나, 전화회사를 설득하기 유리하다거나, 주주를 설득하기 쉽다는 등의 이유로 추가된 기능들은 결국 불필요한 혹덩이 취급을 받게 될 뿐이다. 그렇게 되면 의당 사용자의 만족도도 떨어지고 그 기능은 '약점'으로 전락해 제품의 이미지를 무너뜨린다.

필자 역시 휴대전화를 사용하고 있는데, 이 제품의 품질은 좋은 편이 아니다(통신 서비스는 마음에 들지만 단말기의 완성도는 떨어진다). 액정의 크기를 부각시킨 이 제품은 그 특징을 살리려고 원세그(one-seg : 일본의 지상파 DMB. 원세그는 한 개의 세그먼트를 이용해 방송을 실시하는 것을 의미한다-역자) TV 튜너를 설치했다. 하지만 이 기능은 불필요하다는 생각을 갖게 할 뿐이다. "작은 휴대폰보다 수신감도 떨어지고 녹화기능도 없다. 게다가 본체를 비스듬하게 누이는 기능도 없다."라는 식의 불만을 토로하게 만든다. 이럴 거면 처음부터 기능을 추가하지 않는 편이 낫다.

이런 식의 기능 추가보다는 스스로가 정말 필요하다고 확신하는 본질적인 기능에 대해서만 철저하게 토론하고 수차례의 시행착오와 손질 과정을 거치는 것이 진정으로 훌륭한 제품을 완성할 수 있는 방법이다.

: '할 수 없는 이유'가 아닌 '해야 하는 이유'를 생각하라

그렇다면 애플은 어떻게 제품을 구상하고 기획할까.

사실 애플은 제품의 기획단계에서는 사용자의 의견을 구하는 절차를 생략하는 경우가 많다. 사용자의 다수는 자신이 진정으로 어떤 제품을 원하고 있는지 잘 모르기 때문이다.

애플이 제품의 기획단계에서 취하는 절차는 휴리스틱(heuristic : 모든 변수와 조건을 검토할 수 없기 때문에 가장 이상적인 방법을 구하는 것이 아니라 현실적으로 만족할 만한 수준의 해답을 찾는 것-역자) 접근법이다.

예를 들어 아이팟의 경우, 음악을 좋아하는 사람들이 어떻게 음악을 듣는지, 기존 제품의 어떤 점에 불만을 느끼는지를 관찰해 거기에서 중요한 사실을 발견해냈다. 그리고 음악을 좋아하는 사원들 스스로 자신들이 갖고 싶은 이상적인 제품을 솔직하게 이야기해 그 이상을 현실로 바꾸는 방법을 고민했다.

세상에는 아이디어를 내고도 그것을 실현할 수 없는 이유를 먼저 생각하는 사람이 있는가 하면, 그것을 실현하기 위한 방법을 먼저 생각하는 사람이 있다. 애플에는 압도적으로 후자 쪽의 사람들이 많다.

그렇다면 여기서 한번 이런 상상을 해보자.

당신의 회사가 음악 다운로드 서비스를 시작하자는 의견을 냈다고 가정해보자. 이때 주위 사람들은 어떤 반응을 보일까.

'레코드사도 아니고 음악 쪽에 경험도 없는데 어떻게 그런 사업을 하겠어', '레코드사와의 교섭은 굉장히 어려운 일이니 만큼 현실적인 제안이 아니다', '저작권단체가 항의할 게 틀림없다', '일부러 우리 회사 서비스를 구입하는 고객이 있을 리 없다', '그런 건 애플이 이미 하고 있다' 등등의 부정적인 반응이 대부분일 것이다.

이렇게 할 수 없다는 핑계를 대는 일은 무척이나 쉽기 때문에 포기 또한 쉬워진다. 그런 마음가짐으로는 아무것도 만들 수 없다.

이와는 반대로 왜 당신 회사가 음악 다운로드 서비스를 해야 하는지에 대해 가정해보자.

'특정한 레코드사와 계약하고 있지 않기 때문에 평등한 서비스를 제공할 수 있다', '전국의 점포를 이용해 신곡 프로모션을 하기 쉽다', '이제까지 그다지 음악 구매에 호감을 보이지 않던 고객층을 개척할 수 있는 기회가 생긴다' 등의 긍정적인 생각을 이끌어낼 수 있다.

시간이 걸리더라도 조금만 다르게 생각하면 '가능한 이유'와 '해야 할 이유'들이 수도 없이 떠오를 것이다. 이는 반드시 애플에만 한정된 이야기가 아니다. 미국 서부해안에 위치한 실리콘밸리의 IT업계 사람들은 항상 이렇게 긍정적으로 생각하는 훈련을 받는다.

이렇게 만들어낸 아이디어가 '1000번의 NO'라는 대답을 들을 수도 있다. 하지만 그것들 중에 한 가지가 크게 히트할 수도 있고, 또 반대로 'YES'라는 대답을 들은 것 중 크게 실패하는 것도 있을 수 있다. 그런 경우에는 무엇이 문제였는지를 생각하고 그 부분을 고치면 된다. 2008년 1월에 발표한 애플 TV를 수정하기 위한 프로젝트 'take2'가 바로 그러한 예다.

그중에는 소프트웨어의 수정만으로는 해결할 수 없는 문제도 있다. 그런 때는 문제가 커지기 전에 빠른 대처법을 찾아야 한다.

2000년에 발표한 '파워맥 G4 큐브(Power Mac G4 Cube)'는 스티브 잡스의 마음에는 들었지만 시장에서는 악평을 받은 제품이다. 외관의 아름다움을 봐서는 고객들의 사랑을 듬뿍 받을 수 있는 제품이었지만, 제조과정이 어려워 그 과정에서 마치 금이 간 것처럼 선이 들어가는 경우가 생겨 불량률이 높았다.

또한 선진적인 열감지 센서를 이용한 비접촉식 버튼을 도입했지만 조건에 따라 과잉반응을 하는 오류를 범했고, 사용자의 부재중에 멋대로 ON/OFF를 스위치가 작동되는 현상이 다수 보고 됐다. 그리고 소형이라는 점을 강조한 제품답지 않게 본체에

파워맥 G4 큐브
당시에 아름다운 디자인으로 화제가 되었다.

비해 전원 어댑터가 너무 크다는 악평이 따라붙었다. 한번 시작된 악평을 만회하기 어렵다고 판단한 스티브 잡스는 신제품 발표로부터 불과 1년 만에 개발 중단을 선언했다.

인기 제품인 아이폰도 전략상의 실수가 있었다. 스티브 잡스는 제품 발표 후 겨우 3개월 만에 제품 가격을 200달러로 인하했다. 그런데 이 전략은 오히려 사용자의 반감을 사고 말았다. 연말 크리스마스 선물을 겨냥해 초반부터 판매에 박차를 가하겠다는 판단이었지만, 밤을 새워가며 줄을 서서 기다렸다 구입한 열성적인 사용자들을 배신한 꼴이 돼 웹상에서 비판의 목소리가 높았다. 스티브 잡스는 직접 쓴 공개편지를 통해 이에 대해 사죄했다. 그리고 초기 아이폰을 구입한 구입자 전원에게 100달러의 애플 스토어 상품권을 증정한다는 조치를 취하고서야 사태를 수습했다.

실패를 했을 경우에는 재빨리 방향을 전환할 수 있는 방법을 생각해야 한다. 그러나 그조차 어려운 상황이라면 피해가 커지기 전에 발 빠르게 대처할 수 있는 능력을 갖추는 일이야말로 무엇보다 중요한 전략이다.

：사용자의 입장에서 생각하라

전력을 다해 훌륭한 상품을 만들기 위해서는 초기부터 이를 위한 작전과 제품 계획에 오차가 없어야 한다. 이를 잘 알고 있는 애플의 전략은 언제나 사물의 본질을 파고든다는데 있다.

음원 판매 사업을 예로 들어보자. 단지 인터넷을 통해 곡을 파는 정도의 사업이라면 누구나 생각할 수 있는 아이템이다. 실제 애플이 아이튠즈 뮤직 스토어를 시작하기 전에 이미 많은 레코드사가 자사의 곡을 판매하는 직판 점포를 계획하고 있었다. 크레디트 카드 등의 거래로 인해 개인정보가 누출되지 않도록 안전한 암호화 통신 시스템을 갖추고, 구입한 곡이 불법 복제되지 않도록 복제방지기술을 준비했다. 여기까지는 누구나 생각할 수 있는 사업이다.

하지만 많은 사람들이 이쯤에서 생각을 그치고는 곧바로 다른 곳에도 많이 사용하는 e커머스 사이트(전자 상거래 사이트)와 같은 형태로 서비스를 시작해버렸다. 게다가 주력 사업인 음반 판매에 악영향을 주면 곤란하다는 이유로 할인도 하지 않고 기본적으로 앨범 단위로 곡을 구입하도록 했다. 그중에는 한 곡씩 따로 판매하는 서비스도 있었지만, 한 곡당 가격은 음반의 가격을 곡수로 나눈 값과 다를 게 없었다.

예상대로 이런 식의 서비스는 큰 실패로 끝이 났다.

이에 반해 애플은 음악을 좋아하는 고객들의 입장에서 생각했다. 자신이 고객이라면 어느 회사의 곡이든 상관없이 가지고 싶은 곡은 모두 살 수 있어야 한다는 생각이었다. 또 고객들은 앨범 단위가 아니라 곡 단위로 음악을 사고 싶어 한다.

이미 아이튠즈와 음악 데이터 교환 소프트를 사용해본 사람들은 마음에 드는 곡을 재생리스트에 모아 음악을 즐기는 습관을 몸에 익히기 시작했다. 갖고 싶은 곡은 앨범 전체가 아니라 재생리스트에 넣고 싶은 그 곡만 있으면 되는 것이다. 많은 사용자들은 갖고 싶은 곡을 손에 넣는 과정에서 큰 장애가 따른다면 별도의 수단을 강구한다. 불법적인 음악 데이터 교환 소프트웨어도 그런 수단 중 하나다.

음악업계에 이익이 되지 않는 음악 데이터 교환 소프트웨어에 사람이 몰려들지 않도록 하기 위해서는 이를 이길 수 있는 애플만의 매력이 있어야만 했다.

그 첫 번째가 바로 가지고 싶은 곡을 간단하게 찾을 수 있는 서비스다. 아이튠즈 스토어는 갖가지 음악을 충실하게 준비했을 뿐만 아니라 검색 기능도 훌륭하다. 아이튠즈 화면 우측 상단의 공란에 곡명과 아티스트 이름의 일부를 입력해 검색하면 그에 해당하는 곡들이 모두 나타난다. 또 인기곡 우선으로 표시되기 때문에 찾고 있는 곡을 발견하기도 쉽다.

다음으로는 가지고 싶다고 생각하는 순간 즉시 손에 넣을 수 있게 하는 서비스다. 이 욕구를 구매행동으로 직결시키기 위해서 애플은 아마존이 특허를 가지고 있는 원-클릭(one-Click : 주문과 결제가 마우스 클릭 한 번으로 가능한 기술-역주)이라는 기술의 라이선스 계약을 체결했다. '곡 구입'이라는 버튼을 클릭하면 동시에 곡의 다운로드가 시작되고 크레디트 카드로 결제가 되는 시스템이다. 물론 이런 시스템을 불안해하는 사람을 위해 한 번 쇼핑카트에 담아두고 나서 구입하는 시스템도 준비했다.

게다가 가격도 중요하다. 만약 한 곡당 수 달러 정도로 비싸다면 돈이 없는 젊은 세대는 다소 불편하더라도 불법 음악 데이터 교환 소프트웨어를 이용할 것이다. 그래서 애플은 한 곡당 99센트라는 저가정책을 고수했다.

레코드사에 따라서는 곡에 따라 가격을 바꿀 것을 요구하는 곳도 있었지만, 음악에 기준을 세워 우열을 가릴 수 있는 것도 아니고, 애초에 곡마다 가격이 다르다면 사용자는 늘 가격에 신경 쓰며 음악을 구입해야 한다. 그래서 애플은 모든 곡을 99센트라는 한 가지 가격으로 통일했다(일본에서는 이렇게까지 깨끗하게 교섭이 이루어지지 않아 150엔, 200엔 두 가지 가격이 책정됐다).

다만 한 가지 문제는 이 가격으로는 아이튠즈 스토어의 이익이 거의 없다는 점이었다. 하지만 이 문제는 아이튠즈 스토어의 매출로 돈을 버는 것이 아니라 아이튠즈 스토어에서 판매하는 곡을 재생할 수 있는 아이팟과 아이폰, 애플 TV라는 하드웨어의 매출로 회수한다는 역발상으로 말끔하게 해결했다.

이같이 애플은 항상 사용자의 입장에서 생각하고 업계의 논리, 기업의 논리에 휘둘리기보다는 보다 본질적인 부분에 집착한다.

애플이라고 해서 처음부터 완성된 그림을 그리는 것은 아니다. 이런 발상 역시 그만큼 상식에 얽매이지 않고 사원 간의 원활한 커뮤니케이션을 통해 의견과 아이디어를 교환하면서, 1,000개의 아이디어에 'NO'라고 말할 수 있을 정도의 집요함이 있었기 때문에 가능한 것이다.

아이폰의 예를 들어보자. 휴대전화업계의 근본적인 문제는 전화회사가 제조사를 쥐고 흔든다는 점이다. 그렇다보니 제조사는 어느 사이엔가 고객이 원하는 상품이 아니라 전화회사의 눈에 드는 단말기를 만드는데 노력을 기울이게 됐다. 이 경향은 일본에서 더욱 현저하게 드러나지만 다른 나라에서도 비슷한 경우가 적지 않다.

이에 반해 애플은 매력적인 단말기를 만들면 전화회사에서도 어떻게 하지 못할 것이라고 생각했다. 이러한 생각은 너무나 당연한 것임에도 불구하고 이제까지 휴대전화업계의 왜곡된 관행이 이러한 정공법을 쓸 수 없게 만들었던 것이다.

이어서 애플은 자신들의 매력적인 단말기 덕분에 판매가 이루어지는 것이니 만큼 그 전화회사는 자신들이 제시하는 몇 가지 조건에 응해야 한다고 생각했다. 더군다나 아이폰은 인터넷 기능까지 갖춘 제품이다. 사용자에게 데이터 통신요금까지 신경 쓰게 하면 좋은 기분으로 제품을 체험할 수 없다. 그래서 전화회사로 하여금 미국에서는 아직 일반적이지 않은 데이터 정액통신요금제도를 마련하게 했다. 휴대전화 단말기는 싸게 제공하고 나중에 정액통신요금으로 이익을 내는 비즈니스였다. 이러한 수

익은 이제까지 전화회사만의 독점적인 이권이었지만, 매력적인 제품의 독점판매계약을 미끼로 애플은 당당하게 자신들에게도 이익을 분배해 줄 것을 요구했다.

이로 이해 아이폰은 판매 후에도 애플에 정기적인 이익을 안겨주었다. 이는 흥망성쇠가 격심한 휴대전화 단말기 제조업에 있어서 획기적인 발상이었다.

대개의 전화회사는 단말기를 판매할 때 판매 장려금이라는 명목으로 단말기 가격의 일부를 계약 후 2년간 기본요금에 포함시키는 경우가 많다(즉 구입하고 나서 2년간은 기본요금이 비싸지만, 그만큼 싼 가격에 단말기를 구입할 수 있다).

이에 반해 아이폰은 원자재 조달과 제조, 생산대수의 조절과 유통비용 절감이라는 노력으로 애초부터 철저하게 생산비용을 줄여 저렴한 원가에 마진을 얹은 가격으로 제품을 판매하고 있다. 판매 장려금도 일절 없이 미국에서 판매하는 가격은 399달러다. 휴대전화로서는 조금 고가에 속할 수도 있지만, 사실 아이팟에 100달러를 더 지불해 휴대전화 기능까지 추가한다고 생각하면 꽤 저렴한 가격이라고 할 수 있다. 애플은 이런 점을 충분히 고려해 애플 직영점에서는 아이폰과 아이팟을 나란히 진열해 판매한다.

냉정하게 판단하면 애플이 하고 있는 모든 사업은 지극히 '당

연한' 전략이다. 그럼에도 다양한 업계와 기업은 이제까지 쌓아
온 인습으로 너무나도 복잡한 규칙을 만들고 모든 단계에 선을
그어버린다. 이런 인습에 사로잡혀 있는 한 훌륭하고 매력적인
전략과 제품을 만들 가능성은 희박하다.

: 개발뿐만 아니라 유통, 판매까지 관리하라

애플의 전략 중에 배워야 할 또 하나는 제품 개발이 단순히 만
드는 것만으로 끝나는 게 아니라는 점이다.

애플이 아이팟으로 음악 재생기 사업에 뛰어들었을 때나 아이
폰으로 휴대전화 사업에 참여했을 때도 단순히 제품만 생각한
것이 아니라, 어떻게 그 제품을 제조하고 유통하고 진열하고 선
전하고 또 어떤 점이 사용자의 마음을 사로잡을지까지 철저하게
생각했다.

또 항상 여러 부품 제조사에 연락해 경쟁을 부추기고, 독자적
인 조사망으로 부품가격을 어디까지 낮출 수 있을지를 조사해
교섭에 임한다.

발표 직후의 신상품은 좋은 이미지를 심어주기 위해 화려하고
큰 상자에 포장하고, 제품의 인기가 어느 정도 안정되면 작은 패

키지로 바꿔 유통비용을 줄인다. 제품이 어느 지방에서 어느 정도 팔리고 있는지 통계를 내고, 항상 지역의 도매상과 택배업자에게 고객이 재촉하기 전에 먼저 상품을 발송하도록 지시한다. 이를 위해 미국의 애플 웹직판에서 인기 제품을 발주하면, 공장에서 출하되는 날이 주문한 날보다 빠른 적도 있다고 한다.

매력적이며 폭발적인 인기 제품을 만들기 때문에 당연히 그만큼의 주문량을 미리 예상하며 판매점용 마진은 그다지 생각하지 않는다. 이는 제품의 가격을 낮추는데 유효할 뿐만 아니라 제품의 가격붕괴를 막는 효과도 있다.

실제 처음으로 아이맥이 발매됐을 당시, 보통 다른 회사의 컴퓨터들은 발매 후 3개월이 지나면 통상적으로 30~40% 할인가격에 판매했다. 그래서 많은 사람들이 발매 직후에는 컴퓨터를 사지 않았다. 하지만 아이맥 이래 모든 애플 제품은 직영점과 같은 가격으로 제품의 수명이 끝날 때까지 할인하는 경우가 거의 없다. 할인하지 않는다는 것은 어느 곳에서 구입해도 같은 가격이라는 의미이며, 이로 인해 직영점에서 상품을 사는 고객이 늘어났다.

컴퓨터업계뿐만 아니라 많은 기업의 직영점은 직영점이라는 이유로 가격할인을 할 수 없어 할인점에 고객을 빼앗기는 경우가 많았다. 하지만 애플 제품은 대형 소매점이나 직영점 모두 구입 가격이 동일하다.

또 제품 전시를 그냥 대형 소매점에 맡기면, 반듯하게 제품이 전시되지 않거나 그 상품에 익숙하지 않은 점원이 고객에게 올바르지 않은 제품 정보를 제공할 수도 있다. 실제 스티브 잡스가 복귀하기 이전에는 컴퓨터 매장과 대형 소매점에서 매킨토시가 말도 안 되는 취급을 받는 경우가 허다했다는 사실을 앞서 설명한 바 있다.

애플은 익명 조사로 이러한 실태를 파헤쳐 제품의 판매체제를 근본부터 고쳐나갔다. 그리고 우선은 제품 판매의 견본이 될 만한 직영점의 오픈을 시작하고 대형 소매점 등에도 교육받은 애플 직원을 파견했다.

애플은 단지 제품을 만드는 것뿐만 아니라, 제품이 제조되고 유통되고 전시되고 고객의 손에 넘어갈 때까지의 모든 단계가 제 기능을 다하고 있는지를 수시로 체크하고 지속적으로 수정해나간다. 아무리 훌륭한 제품을 만들었어도 이 중 어느 한 단계만 잘못되면 제품의 매력을 충분히 전달할 수 없다. 제품 개발의 본질적인 문제가 아닌 부분에서 실패를 경험하면 개발팀의 의욕은 현저히 떨어지고, 그들의 동기부여 면에 있어서도 크게 문제가 된다.

그만큼 애써서 만든 제품의 매력을 최대한 전달하기 위해 개발 이외의 부분에서도 베스트의 환경을 만들어 주는 것은 경영자의 책임이다. 그래서 애플은 실제 제품 개발을 담당하는 개발팀의 리더들이 제품의 유통과 제조 현장을 방문해 의견을 전하는 경우가 많다.

： 하나의 성공을 철저하게 활용하라

애플의 뛰어난 점 중 또 하나는 이미 학습을 통해 숙련된 분야를 철저하게 활용한다는 점이다.

예를 들면 아이튠즈 스토어 사업에서 성공한 애플이 뒤이은 사업전략 역시 아이튠즈 스토어를 중심축으로 진행하는 것과 같은 경우다. 애플 TV를 사용한 고화질 영화 대여 서비스인 아이튠즈 무비 렌탈도 마찬가지고, 아이폰과 아이팟 터치를 사용해 스타벅스에서 '지금 듣고 있는 곡'을 확인하고 구입할 수 있는 서비스 역시 아이튠즈 스토어에서 사용한 기술을 중심축으로 한다.

나아가 아이튠즈 스토어를 매킨토시와 아이팟용 소프트웨어 판매로 연결하는 방법도 충분히 생각할 수 있다(이미 아이팟용 게임과 아이팟 터치용 업데이트를 판매해 실적을 올리고 있다). 이처럼 애플은 하나의 성공을 중심축으로 삼아 다각적인 사업 전개를 시도하고 이를 위한 다양한 전략을 세운다.

이에 반해 일본의 많은 기업들은 지나치게 사내 조직이 분열돼 있어서 한 제품이 성공한다 해도 그 기세를 좀처럼 다른 제품에 녹여내지 못한다. 최근 들어서 가전제품 제조업체 중 대기업들이 휴대전화를 제조하면서부터 겨우 대표 상품을 만들고 있다. 샤프의 아쿠오스(AQUOS) 휴대전화, 파라소닉의 비에라(VIERA) 휴대전화, 소니의 브라비아(Bravia) 휴대전화 등이 AV기기의 브랜드를 대표하고 있지만, 진정으로 부서를 뛰어넘어 기업의 강점을 총결집하고 있지는 못하다.

가전제품을 제조하는 다른 대기업과 비교할 때 애플은 작은 기업에 불과하다. 하지만 작은 만큼 사내 각 프로젝트의 커뮤니케이션이 원활하고 제휴도 쉬워 쉽게 힘을 모을 수 있다. 가전제품업계의 대기업이라고 해서 마냥 긴장을 늦추다가는 키 작은 난장이에게 공격당하는 꼴이 될 수 있으니 견제할 필요가 있을 것이다.

: 품질관리에 타협은 없다

애플은 제품 제조에 있어서 무엇보다 품질을 중요시하기 때문에, 특히 제품의 질을 높이는 외관을 마무리하는 과정에서는 투자를 아끼지 않는다.

아이팟 뒷면의 거울 같은 표면처리를 위해 세계에서 가장 훌륭한 기능공이 모인 니가타 현의 신디케이트(Syndicate : 여러 중소기업이 출자해 공동판매회사를 설립, 일원적으로 판매하는 조직-역주)에 의뢰했다는 이야기는 유명한 사례로 남아 있다.

애플의 노트북 제품은 촉감뿐만 아니라 뒷부분까지 철저하게 신경 쓰기 때문에 위는 물론, 보이지 않는 아래쪽도 다른 회사의 컴퓨터와 비교할 수 없을 정도로 아름답다는 평판이다. 노트북 컴퓨터의 아래쪽은 사용하는 동안은 모습을 드러내지 않지만 옆구리에 끼고 걷거나 할 때 여지없이 그 모습을 드러낸다는 점을 놓치지 않은 것이다.

애플의 목표는 바로 소유만으로도 만족감과 자부심을 느낄 수 있는 진정으로 아름다운 제품을 만드는 것이다. 이를 실현하기 위해 연결고리와 나사 구멍을 철저하게 없앴고, 제품의 시리얼 번호와 각종 인허가 마크 등, 필요한 표시는 모두 탈착식 배터리 안쪽에 숨겨놓았다.

외관뿐만 아니라 제품의 무게 균형에도 철저한 배려를 잊지 않는다. 그래서인지 애플의 노트북은 손으로 들었을 때 실제 무게만큼 무겁게 느껴지지 않는다. 애플에서 PDA의 외주를 받는

샤프와 노트북 컴퓨터의 외주를 받는 IBM은, 자사제품을 개발할 때도 하지 않는 제품 점수의 관리와 중량 균형을 조정하기 위한 부품 배치를 연구해야 한다는 사실에 놀랐다는 이야기를 종종 하곤 한다.

그 정도로 애플은 철저한 장인정신을 바탕으로 제품을 만들기 때문에 완성된 제품의 품질은 수준이 매우 높다. 그만큼 애플의 품질관리부서는 중요한 열쇠를 가지고 있는 부서 중 하나라고 할 수 있다.

그렇다고 일본 제조사의 품질관리부서가 중요한 열쇠를 쥐고 있지 않다는 것은 아니다. 다만 여러 제조사의 디자이너와 엔지니어의 이야기를 들어보면 애플의 품질관리부서와 일본 제조사의 품질관리부서는 시작부터 그 방향이 다르다는 인상을 떨치기 어렵다.

일본 제조사의 엔지니어와 디자이너에게 있어 품질관리부서는 두려운 존재로 취급된다. "이렇게 얇으면 고객으로부터 '부서지기 쉽다'는 항의가 있을 것이다.", "이렇게 뜨거워지면 고객으로부터 '저온화상을 입는다'는 항의가 있을 것이다."라는 식으로 제품의 나쁜 면만 찾아내 제품 개발에 제동을 걸기 때문이다.

그 결과 많은 엔지니어와 디자이너들은 아무리 훌륭한 제품을 디자인하고 아무리 굉장한 선진기술 제품을 개발해도 결국에는 그저 그런, 특징 없는 제품을 완성할 수밖에 없다는 불평을 늘어놓는다.

이에 반해 애플의 품질관리부서는 스스로가 '애플의 품질을 지키는 문지기'라는 자세로 "이 수준으로는 아직 애플이 목표하는 매력을 발휘하지 못했다.", "여기는 (비용을 더 들이지 않고도) 더 훌륭하게 마무리할 수 있다."며 적극적으로 품질을 관리한다.

이러한 예는 일본기업의 품질관리부서가 무조건 옳지 않다는 뜻이 아니라, 품질관리부서와 제품기획 그리고 개발을 맡은 팀이 서로 같은 목표를 공유하지 않고 있는 것은 아닐까 하는 걱정스러움이라고 할 수 있다. 제품 콘셉트의 개발단계에 품질관리부서가 참여하고 있는지 아닌지는 그만큼 중요한 포인트이기 때문이다.

: 사용자의 의견을 적극 활용하라

애플은 사용자의 의견을 적극적으로 수용하는 것으로도 유명하다.

사실 제품을 구매하고 사용하는 사람이 누구도 아닌 바로 일반 소비자이니만큼 그들의 의견을 최대한 받아들이는 것이 얼마나 중요한지 쯤은 누구나 알고 있는 상식이다. 하지만 중요한 것은 의견을 수용하는 방법에 차이가 있다는 점이다.

애플은 제품의 기획 개발단계에서는 사용자의 의견을 그다지 필요로 하지 않는다. 하지만 제품이 판매되면 꽤 자주 사용자의 말과 행동에 귀를 기울인다. 스티브 잡스 밑에서 직영점사업 계획을 책임지던 후쿠다 나오히사(福田尚久) 씨는 애플이 직영점사업에 뛰어든 가장 큰 이유 중 하나가 사용자의 의견을 받아들이기 위해서라고 말한다.

애플 스토어에는 천재들의 바라는 사용자 상담 코너가 마련돼 있다. 매킨토시와 아이팟의 조작법을 모르는 사람은 물론, 제품이 고장 난 경우에도 이곳으로 제품을 가져오면 친절하게 상담과 수리를 책임진다(전화상담 창구도 준비돼 있다).

이렇게 애플 사원과 직접 상담을 함으로써 사용자 사이에서 무엇이 문제며, 어떤 곳이 부서지기 쉬운지 등의 정보를 발견한다. 물론 한 건 한 건 모두 상부에 보고하지는 않지만, 소비자들이 잘못 사용하기 쉽거나 부서지기 쉬운 곳 등, 문제가 일어날 소지가 많은 곳을 통계적으로 알아낼 수 있다. 이러한 의견은 본사에 보고하고 다음 제품 개발에 적극 활용한다.

후쿠다 씨는 사용자의 반응은 기업에 있어서 가장 중요한 정보이기 때문에 지원업무를 다른 회사에 위탁하는 기업은 큰 손실을 입게 될 것이라고 말한다.

그렇다고 소비자의 모든 의견 하나하나에 신경을 쓰는 것은 아니다. 하지만 다수의 소비자 반응에서 하나의 패턴이 감지되면 그에 대해 정확하게 파악하고 대처방안을 강구한다.

2000년에 판매된 맥 OS X의 공개베타버전 역시 불과 3개월 만에 사용자의 요구를 정확하게 이해하고 반영해 본격적인 판매를 시작했다. 또 앞서 소개했던 미국의 애플 온라인 스토어에서는 상품을 구매하면 이미 제품발주 전에 가까운 택배업자에게 상품이 도착해 있을 정도다.

이러한 시스템 역시 구매 패턴의 통계를 반영한 굉장히 참신한 로지스틱 전략(시장 동향에 민감한 정보시스템과 물류시스템의 결합을 뜻하는 마게딩 용어)이라고 할 수 있다.

반면에 소비자 한 명 한 명의 의견과 요구를 무조건적으로 받아들이지만은 않는 것도 애플의 장점이다. 사용자의 의견과 요구가 모두 바른 정보는 아니기 때문이다.

예를 들면 아이맥이 출시됐을 때 "플로피 디스크가 없어서 실패할 것이다."라는 의견이 난무했고, 또 아이팟이 출시됐을 때는 "음악 전용기기인데 너무 비싸다. 팔릴 리가 없다."는 등의 의견들이 쏟아졌다. 바로 이런 의견들이 그릇된 의견의 전형이다.

다만 인터넷 시대이니만큼 이러한 의견들은 제품 이미지에 좋지 않은 영향을 끼친다는 사실을 애플은 파악하고 있다. 그렇기 때문에 애플은 미래에 발표할 제품에 대해서도, 대략적인 로드맵에 대해서도 입을 다문 채 완강하게 버틴다.

1997년경 애플이 넥스트를 매수한 직후, 애플은 맥 OS X의 중심기술을 넥스트의 기술로 진행할 것과 인텔이 제작하는 CPU를 사용할 것이라는 계획을 밝혔다. 하지만 전자는 개발자로부터, 후자는 일반 사용자로부터 크게 항의를 받아 애플은 어쩔 수 없이 방침을 전환했다.

그런데 그로부터 10년이 지나자 목구멍만 넘어가면 그 뜨거움을 잊어버리듯이, 애플은 항의가 사라지기를 기다렸다가 지금은 자신들이 예고했던 방향대로 운영하고 있다. 현재 매킨토시의 CPU는 인텔 제품이고, 소프트웨어 개발은 넥스트의 기술로 이뤄지고 있다.

애플은 소동을 일으키지 않기 위해 로드맵을 공개하지 않은 채 차근차근 자신들이 원하는 방향으로 걸음을 옮겨놓은 것이다.

⋮ 프레젠테이션에는 Impact와 Surprise를 담아라

애플의 비즈니스 전략 중 눈에 띄는 또 하나는 바로 제품 발표다. 애플 다수의 신제품은 맥 월드 엑스포와 세계 개발자 회의, 그리고 느닷없이 개최하는 특별 이벤트에서 스티브 잡스의 강연 도중에 발표한다.

반면 일본의 제품 발표회를 보면 기자들이 발표회장에 도착하면 이미 책상 위에 자료가 놓여 있어서 그날 어떤 제품이 발표될지 뻔히 알 수 있다. 그 뒤에는 간단한 배경설명과 질의응답이 이어지는 것으로 마무리한다. 이런 발표회는 아무런 감동도 주지 못한다. 하지만 스티브 잡스의 강연은 연출과 쇼맨십에 있어서 곧잘 록 콘서트와 비교할 정도다. 그만큼 흥분하고 몰입하며 즐기게 된다는 의미다. 게다가 놀라움까지 선사한다.

애플은 제품을 개발하는 동안 신제품에 대한 정보가 절대 새나가지 못하도록 엄격하게 경계태세를 갖추고 사원들에게조차도 밝히지 않는다.

극비로 진행된 아이맥의 개발에 참여했던 한 소프트웨어 엔지니어에게서 이런 이야기를 들은 적이 있다. 그는 제품의 이름조차 알려지지 않은 하드웨어를 위한 소프트웨어 개발을 의뢰받았다. 소프트웨어를 완성한 뒤, 실제 제품에서 테스트를 진행하게

된 그는 안전장치가 설치된 문 세 개를 통과해 겨우 작은 방으로 안내됐다. 그 방에는 당연히 아이맥의 최종 형태가 아닌 단지 독특한 반원형의 기판만이 놓여 있을 뿐이었다. 그는 그 기판과 그곳에 연결된 모니터만을 이용해 테스트를 했다고 한다.

하지만 최근의 애플은 중국 등, 아시아 회사에 제조를 맡기는 경우가 많아지면서 발표 직전에 제품 정보가 누출되는 경우가 발생하곤 한다. 그럼에도 항상 제품의 전체 모습이 다 공개되지 않도록 신경 쓰기 때문에 스티브 잡스의 제품 발표는 여전히 큰 주목을 모으고 있다.

그리고 스티브 잡스는 신제품 개발에 모든 심혈을 기울이고 있고, 그 매력에 대해서 가장 잘 이해하는 사람이다. 그렇기 때문에 그의 강연에는 설득력과 힘이 실려 있어서 그 기운이 보고 있는 사람에게 고스란히 전달된다. 제품 시연을 부하 직원에게 맡겨버리는 일본 기업의 중역들과는 근본적으로 다른 모습이다.

직접 신제품 발표를 경험한 고객과 기자들은 매번 예상하지 못한 신제품, 또는 소문으로 들었던 내용을 뛰어넘는 완성도 높은 신제품에 놀라고 감동하는 것은 물론, 제품의 매력을 가득 담은 스티브 잡스의 연설에 흥분하기 때문에 당연히 신제품 기사를 대대적으로 다룰 수밖에 없다.

이벤트에 맞춰 일제히 신제품을 발표하는 제조사 중에 신문과 TV에서 그 이름이 다뤄지는 경우는 극히 드물다. 당연히 그 제품에 대한 상세한 설명도 없다. 하지만 애플의 제품은 다른 회사와 관계없이 독자적인 타이밍에 발표하고, 또 스티브 잡스가 제품의 매력을 상세하게 해설하기 때문에 신문과 TV에서 다뤄지는 경우 그 매력이 상세하게 그려진다.

이러한 훌륭한 홍보전략 역시 빼놓을 수 없는 애플만의 주요 강점이다.

： 기억하기 쉽고 친근한 이름을 지어라

고객들에게 잊지 못할 충격을 주기 위해서는 제품의 이름도 중요하다는 사실을 놓쳐서는 안 된다. 아직도 많은 제조사들은 알파벳과 숫자로 이뤄진 모델번호를 제품의 이름으로 대신 쓴다. 하지만 애플의 경우 그런 일은 있을 수 없다.

정성과 혼을 담아 만든 애플의 제품에는 그에 어울리는 친근한 이름이 붙어 있다. 그러나 이러한 애플도 스티브 잡스가 부재했던 동안에는 '파워맥 6300', '파워북 2400'이라는 이름과 숫자를 병기한 형태로 제품의 라인을 표시하고 이를 그대로 제품명으로 사용했다. 하지만 이런 방식은 스티브 잡스의 복귀와 함께 자취를 감췄다.

스티브 잡스의 복귀 후 처음으로 출시한 컴퓨터는 '파워맥 G3'였다. 이어서 '파워북 G3'와 '아이맥'을 동시에 발표했다. 파워맥은 프로용 데스크톱 기종이고, 파워북은 프로용 노트북 기종, 아이맥은 일반 소비자용 데스크톱 기종이다.

이렇게 정리하면 '파워'는 '프로 사용자용'을 나타내는 단어를 뜻하고, '맥(매킨토시)'은 데스크톱 기종, '북'은 노트북의 의미로 정리할 수 있다. 일반용 데스크톱 기종이 'i'+'Mac'이라면 1999년 등장한 일반용 노트북은 당연히 'i'+'Book'을 합쳐 'iBook'이어야 하기 때문에 그렇게 정한 것이다.

카탈로그를 자세히 보면 모든 제품에 모델번호가 적혀 있는 것을 볼 수 있다. 하지만 보통 사용자들은 그런 것에 관심조차 두지 않을 뿐더러, 또 일반용이나 프로용에 상관없이 두세 음절로 하나의 애칭을 만들어 부른다.

게다가 많은 컴퓨터 제조사들은 신제품을 출시할 때마다 제품을 대표하는 상품의 이름을 바꾸지만(대부분 숫자 부분만 바꾼다), 매킨토시는 세대가 바뀌어도 00년의 아이맥, 00색의 파워맥, 티타늄 파워북 등과 같이 변함없는 애칭으로 불린다.

이처럼 제품의 애칭은 모델번호가 아닌 연식과 색깔, 제품의 특징 등, 사람의 감성에 의지해 이름을 짓는 경우가 많다. 이는 '스카이라인'과 '어코드', '미니'와 같은 애칭으로 불리는 자동차 문화와도 꽤 닮아 있다.

네 가지 제품의 카테고리와 그 이름은 인텔 CPU를 도입한 2006년까지 이어졌다. 하지만 이후부터는 '애플'이라는 이름과 함께 'Mac'이라는 상품 브랜드를 강화하기 위해 일반용 데스크톱 기종은 '아이맥' 그대로지만, 일반 소비자용 노트북 기종은 '맥북', 프로용 노트북 기종은 '맥북프로', 프로용 데스크톱 기종은 '맥프로'라고 이름을 바꿨다. 매킨토시 제품 중 '맥 미니'는 '아이팟 미니'의 성공 직후에 붙인 이름이다.

： 직원 한 사람 한 사람 스스로 생각하고 행동하라

그렇다면 이처럼 많은 성과를 달성한 애플은 과연 어떤 조직일까.

애플에 입사한 지인의 이야기를 들어보면 입사 직후 당황스러웠던 적이 한두 번이 아닌데, 그 이유는 무엇을 하면 좋을지 몰랐기 때문이라고 한다.

애플에는 여느 회사처럼 신입사원에게 하나하나 친절하게 일하는 방법을 가르쳐주는 동료는 없다. 자신이 어떤 능력으로 고용됐는지는 계약을 체결할 때 이미 정해졌기 때문에 그 뒤로는 무엇을 해야 할지 스스로 판단하고 스스로 행동해야 한다. 애플에서는 무엇보다도 이러한 자립심을 높이 산다.

아무리 사소한 업무절차라고 해도 모르는 게 있는 것은 당연하다. 그럴 때는 주위 사람들에게 물어보면 된다. 처음부터 적극적으로 나서서 가르쳐주는 사원은 없지만, 질문을 했을 경우에는 그에 따른 충실한 답변을 해준다. 그리고 자신에게 할당된 업무를 소화해내면 사원 각자에게 그 나름의 재량권이 주어진다.

애플의 리더와 중역들은 자유롭고 활발한 토론을 위해 턱을 낮추고 여러 가지 유익한 의견을 교환한다. 애플 조직은 굉장히 개방적이어서 스티브 잡스가 복귀하고 나서는 권위적인 중역실도 없어지고, 스티브 잡스와 중역진과 평사원이 자유롭게 토론할 수 있는 사내풍토를 만들었다(사실은 긴장하는 사원도 더러 있다고 한다……).

이는 미국 본사만의 이야기는 아니다. 애플 일본 법인에는 개발팀은 없고 기본적으로 마케팅과 판매, 지원팀 직원밖에 없지만, 직영점의 직원 한 사람 한 사람까지 어떻게 행동하는 것이 애플에 도움이 되는지 각자 판단하고 행동한다.

이는 일본 법인의 경영자들도 마찬가지다. 전 대표이사였던 하라다 에이코(原田泳幸) 씨는 일본의 독자적인 서비스 지원체제를 구축했는데, 이는 나중에 애플의 직영점 전략에도 큰 참고가 됐다. 현재 그는 일본 맥도날드 대표이사 겸 최고경영책임자로서 대성공을 거두고 있다.

후임인 사키토우 오시아키(前刀禎明) 씨는 컴퓨터를 좋아하는 고객을 위한 음악 재생기인 아이팟을 패션잡지에서도 다룰 정도의 패션 아이템으로 확대하는데 크게 공헌했다. TV 등의 미디어에도 종종 출연해 일본 내 애플의 이미지 향상에 크게 기여했다.

사내에서 애플의 중역과 리더의 역할은, 사원의 재능을 끌어내는 촉매가 되고 사원들로부터 나온 '1,000개의 의견에 NO'라고 말하는 것이다. 스티브 잡스 역시 완벽하게 업무의 내용을 파악하고 있는 엔지니어들에 대해서는 굉장히 관대하며 항상 영감을 주는 리더다.

처음 매킨토시를 개발할 당시, 매킨토시를 소형 푸드 프로세서(전동모터의 힘으로 재료를 고속으로 썰거나 갈거나 반죽하는 조리기구-역주)인 쿠진아트(Cuisinart)와 같은 형태로 개발하고 싶다라든지, 중역실의 책상에 놓았을 때 방문자 쪽에서 보게 되는 컴퓨터의 뒷모습이 예쁘지 않으면 안 된다는 등의 의견을 내놓았다고 한다.

또한 개발자들이 아름다운 제품을 만들기 위해서는 항상 아름다운 예술품과 세계의 최상급 상품에 둘러싸여 있어야만 영감을 얻을 수 있다는 의견을 내놓아, 매킨토시 개발팀이 있던 빌딩의 로비에는 그림과 함께 뵈젠도르퍼의 그랜드 피아노, BMW의 오토바이와 같은 물건을 장식했다고 한다.

오늘날의 애플은 그러한 공예품 대신 '카페 맥(Cafe Mac)'이라는 식당을 운영한다. 이 사원식당은 실리콘밸리에서 구글과 1, 2위를 다툴 만큼 높은 질을 자랑한다. 뉴욕에서 소바(메밀국수)의 맛에 반한 스티브 잡스가 카페 조리사를 동경에 있는 소바 요리 학원에까지 보냈다는 에피소드도 있다.

이런 이야기를 통해서 우리는 쉽게 타협하지 않고 최상의 제품을 만들어내는 사원에게 최상의 일류 요리를 제공하겠다는 애플의 진실한 마음가짐을 엿볼 수 있다.

제 6 장

젊음과 새로움의 아이콘, 스티브 잡스

스탠포드 졸업식에서의 명연설

점과 점을 연결하라

Stay Hungry, Stay Foolish!

일과 인생을 밀어붙이는 힘

애플의 성공은 시대의 메시지

: 스탠포드 졸업식에서의 명연설

지금까지 구체적인 예를 통해서 애플만이 가지고 있는 독특한 비즈니스 성공법칙을 알아보았다. 하지만 당장 이 법칙을 교훈삼아 실천하려고 해도 어디서부터 어떻게 해야 할지 난감할 것이다.

그렇다면 이제부터는 애플만의 실천 가능한 법칙을 알아보도록 하자.

그것은 바로 애플의 모든 직원이 품고 있는 자신감이다. 세상을 보다 살기 좋은 곳으로 바꾸고 싶다는 숭고한 목표를 가지고 스스로에게 그런 힘이 있다고 믿는 것이다.

어쩌면 당신은 이미 애플의 직원들처럼 숭고한 목표를 가지고 있지만 운이 따르지 않거나 주변 환경이 여의치 않아 목표를 달성하지 못하고 있는지도 모른다.

하지만 그렇다고 해서 주저앉아 마냥 시간을 허비한다면 아무 변화도 일어나지 않는다. 만약 정말로 일하는 환경이 나빠서 목표를 달성할 수 없다고 생각한다면, 주위 사람들과 허심탄회하게 이야기해 보는 것은 어떨까? 당신의 이야기에 자극을 받은 그들이 한껏 분발해서 당신과 같은 목표를 향해 걸어갈 동반자가 돼줄지 누가 알겠는가.

하지만 혹시 어딘가에 당신을 오해하고 꺼려하는 사람이 있을지도 모른다. 반대 의견을 내놓거나 관계가 나빠져 회사에서 일하는 게 힘들어질 수도 있겠지만, 그것 또한 나름대로 좋은 발견이다. 그 상사나 동료와 그 이상의 관계를 이어가기 어렵다는 사실이 확실해지기 때문이다. 직속 상사보다 더 윗자리에 있는 상사와 상의해도 문제를 해결할 수 없다면, 그것은 이직과 같은 다른 방법을 생각할 때라는 의미다. 당신 자신이 진정 큰 목표를 가지고 있다면 다른 사람 때문에 인생의 중요한 시간을 헛되이 보내서는 안 된다.

스티브 잡스의 일과 인생에 대한 사고방식이 묻어나는 유명한 연설이 있다. 그 연설은 2005년 스탠포드 대학 졸업생들을 위한 연설이었다. 스티브 잡스가 치명적이라는 진단을 받은 췌장암을

극복한 직후의 일이었다.

연설의 달인이라고 불리는 스티브 잡스는 이 연설에서만큼은 신기하게도 대본을 들고 한 마디 한 마디 음미하며 읽어 내려가는 방식을 취했다. 자신의 인생의 반을 돌아보는 연설 내용은 그 자리의 졸업생들뿐만 아니라 세상 사람들에게까지 큰 감동을 주었고, 그 이후에도 여러 곳에서 수없이 인용됐다.

그 연설 내용에 대해 소개하도록 하겠다.

: 점과 점을 연결하라

스티브 잡스는 단상에 오르자마자 자신은 대학을 중퇴했기 때문에 대학 졸업식에 와보는 것은 이번이 처음이라며, 가벼운 분위기로 연설을 시작했다.

"오늘은 저의 반평생을 정리한 세 가지 이야기를 소개하려고 합니다. 그것뿐입니다. 별것 없이 그냥 세 가지 이야기일 뿐입니다."

첫 번째 이야기는 '점과 점을 이어 나간다'는 주제였다.

스티브 잡스는 6개월 정도 리드 대학(Reed College)을 다니다 중퇴를 결심했다. 하지만 그 후 정말 학교를 그만두기까지 18개월 정도 계속해서 교내를 어슬렁거리며 맴돌았다고 한다.

"내가 왜 학교를 그만둔지 아십니까?"

스티브 잡스는 이 사건의 발단을 이야기하기 위해 그가 태어난 직후로 거슬러 올라갔다. 그를 낳은 어머니는 미혼으로 대학을 졸업한 여성이었다. 그녀는 스티브 잡스가 태어나자마자 입양을 보내기로 결정하고 입양결연 신청을 했다. 그녀는 양부모가 대학졸업자이기를 희망했지만, 스티브 잡스를 키워줄 부모는 두 명 다 그렇지 못했다. 스티브 잡스만큼은 반드시 대학에 보내겠다는 약속을 받고서야 생모는 입양을 결정했다.

그런 환경 속에서 대학에 들어가긴 했지만 스티브 잡스는 6개월 정도가 지나자 더 이상 대학에서 '아무런 가치도 발견할 수 없었다'고 한다.

"그 당시 저는 내 스스로 인생에서 무엇을 하고 싶은지 아무 생각도 없었고, 그 답을 찾는 데에 대학이 뭘 도와줄 수 있을지 의심스러웠습니다."

스티브 잡스는 보이지 않는 자신의 미래를 위해 소중한 부모의 돈을 낭비하는 것을 더 이상 참을 수 없었다. 결국 퇴학을 결심했다.

"당시는 정말 무서웠습니다. 하지만 지금 이렇게 돌아보니 그 선택은 제 인생에 있어서 최고의 결정이었다고 생각합니다. 퇴

학한 순간부터 흥미조차 없는 필수과목의 수업을 이제 더 이상 들을 필요가 없었으니까 말입니다. 그 대신 제가 진정으로 흥미를 느낄 수 있는 강의들을 청강했습니다."

퇴학 후로 기숙사에 들어갈 수 없었던 스티브 잡스는 친구 방의 바닥에서 잠을 자곤 했다. 콜라병을 주워 5센트 동전을 모았고, 일요일 밤에는 11km를 걸어 도착한 사원에서 밥을 얻어먹었다.

그런 스티브 잡스가 대학에서 청강한 과목은 그 스스로 국내 최고 수준이라고 말하는 리드대학의 캘리그래피 (Calligraphy : 전문적인 핸드레터링 기술-역주) 강의였다.

스티브 잡스는 그때의 수업 내용을 이렇게 평가하고 있다.

"훌륭한 폰트(서체)를 만들기 위해 무엇이 필요한지도 배웠습니다. 그것은 아름답고 역사적이고 예술적이며 실속 있는 내용으로서 과학과는 또 다른 매력으로 저를 사로잡았습니다."

하지만 스티브 잡스 스스로도 그 강의가 실제 자신의 일에 직접적인 도움을 줄 거라고는 생각하지 못했다.

"그 수업이 제 인생에 실질적인 도움을 줄 거라고는 생각하지 못했습니다. 하지만 그로부터 10년 뒤, 우리가 세계 최초의 매킨토시를 만들 때 그 수업의 내용들이 하나씩 되살아나기 시작했습니다."

매킨토시의 워드프로세서는 이제까지의 컴퓨터와는 달리 사용자가 문장 중에 자유롭게 폰트 종류를 바꿀 수 있었다. 리드 대학에서 배운 캘리그래피 수업이 큰 도움이 됐던 것이다. 실제 스티브 잡스는 매킨토시가 훌륭한 폰트를 사용하기에는 최적이라는 점을 자랑으로 여겼다. 여러 인터뷰에서 첫 매킨토시와 프로페셔널 폰트(일정 간격이 없이 문자 형태에 맞춰 글자 수가 바뀌는 폰트)의 중요성에 대해 열변을 토할 정도였으니 말이다.

"물론 점과 점이 장래에 어떻게 이어질지를 예측하는 것은 불가능합니다. 하지만 10년 후에 뒤돌아보면 그 연결을 명확히 깨닫게 될 것입니다. 그러니까 처음부터 미래에 점과 점이 서로 연결될 거라는 믿음을 가질 필요가 있습니다. 무엇이든 믿음이 필요합니다. 근성, 운명, 인생, 윤회(인과응보), 어떤 것이라도 상관없습니다. 바로 이런 방법들이 나를 실망시키지 않고 내 인생을 특별한 것으로 만들어 주었습니다."

: Stay Hungry, Stay Foolish!

두 번째 이야기는 '사랑과 상실'에 관한 내용이었다.

"저는 행운아였습니다. 무엇을 하며 살아야 좋을지를 인생의 전반부에 발견했기 때문입니다."

스티브 잡스는 이어 애플 창업 당시의 이야기를 회고했다. 그는 서른 살이 되던 해에 자신이 세운 회사에서 쫓겨나고 말았다.

"성인이 되고 제 인생의 모두를 바쳤던 것이 한순간에 사라졌습니다. 무어라 말할 수 없는 참담한 심정이었습니다."

스티브 잡스는 그 후 수개월 동안 무엇을 해야 할지 모른 채 풀이 죽어 지냈다고 한다. 실리콘밸리에서 도망치는 것도 생각했고, 그를 열심히 응원하던 실리콘밸리의 영웅 데이비드 패커드(David Packard, 휴렛패커드의 공동창업자)와 밥 노이스(Bob Noyce, 인텔의 공동창업자)에게 너무도 송구스러워 자신의 실패를 사과해야겠다는 생각까지 했다고 한다. 스티브 잡스는 잠시 침묵한 뒤 다시 말을 이었다.

"그때는 몰랐습니다. 애플에서 쫓겨났다는 것이 제 인생에 있어서 최고의 사건이었다는 것을 말입니다."

그 후 5년간 스티브 잡스는 넥스트와 픽사를 창업하고 결혼도 해서 부인인 로렌과 훌륭한 가정을 꾸린다. 오늘날 넥스트는 애플에 없어서는 안 될 중요한 기술을 제공했고, 픽사는 세계에서 가장 성공한 애니메이션 스튜디오 중 하나가 됐다.

"만약 제가 애플에서 쫓겨나지 않았다면 이렇게 기쁜 일들도 일어나지 않았을 것입니다. 굉장히 쓴 약이었지만 어쩌면 저에게는 꼭 필요했던 약이 아니었을까 생각합니다."

스티브 잡스는 그때의 괴로운 추억을 곱씹으며 스탠포드 졸업생들에게 이렇게 말했다.

"인생을 살다보면 때에 따라서 벽돌로 머리를 얻어맞은 것처럼 고통스럽고 괴로운 일이 일어나기도 합니다. 그렇다고 신념을 던져버리는 일은 하지 않기를 바랍니다. 저는 늘 좋아하는 일에 도전했기 때문에 지금까지 의욕을 꺾지 않고 지속할 수 있었습니다. 여러분들도 자신이 좋아하는 것을 찾도록 하십시오. 일에 있어서건 연애에 있어서건 마찬가지입니다."

: 일과 인생을 밀어붙이는 힘

마지막으로 졸업생을 향한 연설의 세 번째 이야기는 '죽음'에 관해서였다.

스티브 잡스는 열일곱 때 어딘가에서 이런 글을 읽었다고 한다.

'매일이 인생의 마지막 날이라고 생각하며 살아가라. 언젠가 그것은 현실이 된다.'

스티브 잡스는 33년간, 매일 아침마다 거울 속의 자신에게

“오늘이 인생의 마지막 날이라고 한다면 지금부터 하려는 일을 계속할 것인가?”라고 묻는다고 한다.

“이때 ‘NO’라는 대답이 오래 지속되면 그건 반드시 변화가 필요하다는 징조입니다.”

이제 곧 죽는다는 생각은 큰 결단을 하는데 있어서 중요한 요소로 작용한다. 죽음 앞에서는 희망도 자존심도 굴욕과 좌절도 모두 사라지고, 오직 정말 중요한 것만 남기 때문이다. 벌거벗은 상태에서는 더 이상 잃을 게 없기 때문에 자신의 마음이 향하는 것을 막을 이유가 없는 것과 같다.

“지금부터 1년 정도 전에 저는 암이라는 진단을 받았습니다.”

스티브 잡스는 자신의 경험을 숨기지 않았다. 한때 사망선고까지 받았던 그는 이 체험을 통해 뭔가를 깨달았다. 누구나 두려워하는 죽음, 그 죽음은 누구에게나 평등하게 찾아오는 공통의 종착지이며 이제까지 그것을 피해간 사람은 아무도 없다는 사실이다.

“하지만 죽음은 그렇게 존재해야 합니다. 왜냐하면 생명이 만든 최고의 발명이 ‘죽음’이기 때문입니다. 그리고 그 죽음은 인생을 변화시키는 담당자이기도 합니다. 죽음은 낡은 것을 거두어버리고 새로운 것을 위해 길을 양보합니다. 지금 이곳에 있는 여러분들은 바로 ‘새로운 것’, 그 자체입니다. 우리의 시간은 한

정돼 있습니다. 다른 사람의 삶을 사느라 시간을 헛되이 보낼 수는 없습니다. 다른 사람의 생각일 뿐인 도그마에 얽매이지 마십시오. 그것은 곧 나의 삶을 타인의 생각에 맡기는 것과 같습니다. 타인의 소리가 자신 내면의 외침을 억누르게 해서는 안 됩니다. 그리고 가장 중요한 것은 자신의 마음과 직감을 믿고 따르는 용기입니다. 나의 마음과 직감은 자신이 정말 무엇을 하고 싶은지를 이미 알고 있기 때문입니다. 이외의 것들은 모두 부차적일 뿐입니다. 제가 어렸을 때 「더 호울 어스 카탈로그(The Whole Earth Catalog)」라는 잡지가 있었습니다. 그 잡지는 그 시대 젊은이들에게 바이블과도 같은 존재였습니다.”

스티브 잡스는 강연을 마무리하기 전에 그가 청춘시절에 애독했던 그 잡지에 실렸던 글을 인용했다. 잡지는 재야 사람들의 지식을 집약하고 세계의 주류문화의 주장에 강력하게 이의를 제기하는 카운터 컬처(Counter Culture)의 사전과도 같은 잡지였다.

스티브 잡스는 자기 세대들에게 바이블과 같은 존재였던 이 잡지는 타자기, 가위, 폴라로이드 카메라만으로 만든 ‘구글’과도 같은 존재라고 묘사했다.

“구글이 등장하기 35년 전의 일이지만 그것은 종이로 만든 구글이라고 할 수 있습니다. 이상주의적이면서도 세련된 정보와

위대한 발상이 흘러넘쳤으니까요."

스티브 잡스가 그 잡지에서 인용한 것은 마지막 호 뒤표지에 적힌 문장이었다.

"'Stay Hungry. Stay Foolish(굶주려라. 바보가 되어라)'라는 말처럼 저 자신도 언제나 그러하기를 바랐습니다. 그리고 지금 새롭게 한 발을 내딛으려는 여러분들에게도 저와 같은 부탁을 드립니다. Stay Hungry. Stay Foolish!"

⋮ 애플의 성공은 시대의 메시지

대부분의 사람들은 인생의 많은 부분을 일하는 데에 소비한다. 그렇기 때문에 더더욱 애착을 갖고 집중할 수 있는 일을 선택해야 한다. 자신에게 맞는 일을 선택한 뒤엔 그 일이 싫어지지 않도록 정면으로 부딪혀 전력을 다해 도전할 필요가 있다.

스티브 잡스의 생활방식과 애플의 비즈니스전략은 사실 굉장히 솔직하고 너무도 당연한 것들이다. 그런 애플이 지금 큰 성공을 거두며 세계의 주목을 모은다는 것은, 너무나 복잡해져버린 세상에서 단 한순간이라도 원칙을 지키며 기본으로 돌아가라는 시대의 메시지일지도 모른다.

* 스티브 잡스의 연설 전문은 스탠포드 대학의 웹사이트에서 읽을 수 있다.
(http://news-service.stanford.edu/news/2005/june15/ jobs-061505.html)
영어가 능숙하지 못한 사람도 읽기 쉬우니 반드시 전문을 한번 읽어볼 것을 권한다.

시대의 문맥은 언제나 변한다. 그리고 얼마든지 변할 수 있다.

2008년 2월, 마이크로소프트가 야후의 매수제안을 발표해 화제가 됐다. 90년대 중반, 컴퓨터업계의 왕자로 군림하던 마이크로소프트도, 인터넷 시대의 꽃으로 인기를 끌던 야후도 21세기에 들어서면서부터 급속도로 성장하는 구글을 따라잡지 못해 초조함을 드러냈다. 뿐만 아니라 인터넷 분야에서 구글을 앞지르겠다는 IT계의 젊은 벤처기업들이 수도 없이 생겨나고 있다.

지금 세계적으로 이름을 떨치고 있는 라이프스타일 대표 브랜드인 애플도 겨우 30년 전에는 창고를 본거지로 한 가내수공업에 지나지 않았다. 한번 정점을 찍은 뒤 나락을 맛본 애플을 구한 것은, 개인으로서도 정점과 나락을 모두 경험한 애플의 창업자 스티브 잡스였다.

예나 지금이나 그의 비즈니스에는 일관된 하나의 전략이 숨어 있다. 그것은 바로 세세한 부분까지도 최선을 다한다는 점이다.

하지만 80년대에는 그런 예술가적 기질이 소외당하던 시절이었다. 그리고 90년대에도 제품의 세밀한 제작과 질보다는 설명서가 얼마나 충실한지가 더 중요하던 시대였다. 컴퓨터 관련 잡지에는 모두 제품의 기능을 소개하는 기사뿐이었다.

하지만 시대는 변화한다. 블로그와 소셜네트워크(SNS)를 사용해 개인도 간단하게 제품에 관한 생각을 알릴 수 있는 시대가 됐다. 그리고 익명의 개인이 쓴 본심이 담긴 혼잣말도 구글에서 검색하면 쉽게 찾을 수 있다. 그런 시대와 맞물려 본질을 파고드는 디자인과 예술가 기질이 배어나는 상품, 그리고 사용하기 편한 기능의 제품을 만들어낸 애플은 세계적으로 높은 평가를 받으며 성공을 뛰어넘는 스타기업으로 발돋움했다.

아이팟도 아이폰도 기능의 가짓수와 기술력이라는 관점에서만 본다면 많은 라이벌 제품을 이길 수 없다. 하지만 제품의 본질

을 부각시키려는 반복적인 토론 끝에 탄생한 애플의 제품은, 이 것저것 무조건 많은 기술을 모아놓은 제품으로서는 도저히 따라올 수 없는 그들만의 매력을 발산하며 미래의 비전까지도 느끼게 한다.

인터넷으로 매일매일 많은 정보를 접하고 감성을 단련시킨 소비자들은 어느새 애플만의 진정한 매력을 받아들일 수 있는 지식을 몸에 익혔다. 이렇게 진정한 맛을 알게 된 사람들이 늘어나면서부터 훌륭한 기획과 뛰어난 기술만으로 손재주를 부린 제품들은 성공과 다른 길을 걸을 수밖에 없다.

이제부터는 그 어떤 기업도 맨몸이라고 생각하고 다시 원점으로 돌아가 리더의 선도 하에 자사의 모든 힘을 압축해 제품을 만들지 않으면 안 된다는 것이 나의 신념이다.

그렇게 하나하나에 공을 들이고 혼을 담아 아이폰를 궤도에 올린 애플의 다음 행적은 어디일까. 실제로 어떤 제품, 어떤 서비

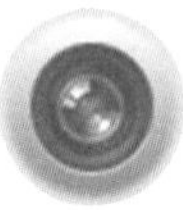

스가 탄생할지 예상하기란 무척 어렵다. 다만 생활의 필수품인 '휴대전화'라는 도구를 발판으로 지속적인 발전을 이어나갈 것이라는 폭넓은 예측은 가능하다.

외출 시에 아이폰를 사용해 정보를 찾아낼 수 있도록 주력제품인 매킨토시를 자택 서버로서 발전시키는 방법도 있고, 아이폰과 제휴해 신세대 가전제품을 개발할 가능성도 있다. 또 현재 스타벅스와 진행하고 있는 것처럼 상업시설과의 제휴를 확대해 서비스업을 새롭게 시작할 가능성도 충분히 예측할 수 있다.

실제 애플 사내에서도 매일 이러한 토론이 반복되고 있을 것이다. 그러면서 시대의 문맥을 파악해 1000개의 아이디어에 'NO'라고 말하며 그중에 보물 같은 아이디어 하나를 찾아낼 것이다. 그리고 그것을 닦고 발전시켜 다음 단계로 한 발 내딛는 것이 바로 애플의 방식이다.

이 책의 기획은 담당편집자로부터 나왔다. 아직 애플의 위대함을 모르는 독자층이 많다는 것이었다. 이 책은 그 편집자의 아이디어를 바탕으로 이제까지 애플에 친숙하지 않았던 분들도 즐겁게 읽을 수 있도록 하자는 취지에서 쓰였다. 이 책을 쓰는데 많은 분의 의견을 참고했다. 애플의 호카무라 히토시(外村仁) 씨, 후쿠다 나오히사(福田尚久) 씨, 그리고 이름을 남길 수 없는 현역 애플 사원 친구들에게 감사의 마음을 전한다.

이 책의 집필과 회의는 록본기 힐즈(Roppongi Hills) 안에 있는 록본기 라이브러리를 적극적으로 활용했다. 이곳은 IT, 아트 등 여러 분야의 사람들이 모인 지식의 교차점이라고도 할 수 있는 장소로서 언제나 좋은 영감을 얻을 수 있는 곳이다. 시대의 문맥을 알기 위해서는 이런 장소에서 감도 높은 다른 분야의 사람들과 교류하는 것도 반드시 필요하다는 생각이다.

때로는 시대의 변화가 잔혹한 결과를 만들기도 한다. 이 책 원고의 90%는 에르고소프트(Ergosoft)사의 소프트웨어인 '이지워드(egword)'의 가로쓰기 기능을 사용해 집필했다. 그리고 탈고 직후 그 회사는 사업 중단 발표를 했다. 여명기로부터 24년에 걸쳐 매킨토시의 일본어 문화 발전을 위해 노력해온 이 기업의 이지워드가 없어진다는 것은 참으로 슬픈 일이다. 이 기업에서 활약했던 분들은 애플과 함께 보다 큰 아이폰 시장에서 활약한다는 것만으로도 기뻤겠지만…….

2008년 2월
하야시 노부유키(林 信行)

애플의 법칙

펴낸날	초판 1쇄　2008년 8월　3일
	초판 4쇄　2011년 2월 25일

지은이　**하야시 노부유키**
옮긴이　**정지은**
펴낸이　**심만수**
펴낸곳　**(주)살림출판사**
출판등록　1989년 11월 1일 제9-210호

경기도 파주시 교하읍 문발리 파주출판도시 522-1
전화　**031)955-1350**　　팩스　**031)955-1355**
기획 · 편집　**031)955-4675**
http://www.sallimbooks.com
book@sallimbooks.com

ISBN　978-89-522-0942-9　03320

※ 값은 뒤표지에 있습니다.
※ 잘못 만들어진 책은 구입하신 서점에서 바꾸어 드립니다.